La Clé

pour une croissance spirituelle efficace

Jean T. Saint Sauveur

TEACH Services, Inc.
P U B L I S H I N G
www.TEACHServices.com • (800) 367-1844

Tous droits réservés. Cet ouvrage, quelle qu'en soit la portion, sous quelque forme que ce soit, hormis les prévisions de la loi, ne peut être reproduit sans la permission écrite de l'éditeur, excepté par un critique qui peut citer quelques passage dans une revue.

L'auteur assume l'entière responsabilité en ce qui a trait à la précision de tous les faits et citations qui sont publiés dans cet ouvrage.Les points de vue exprimés sont le résultat de la recherche personnelle de l'auteur, et ne reflètent pas nécessairement ceux de l'éditeur.

L'éditeur ne s'est point engagé en prodiguant des conseils spirituels, légaux, médicaux, ou professionnels. Au cas où un conseil autorisé s'avèrerait nécessaire, le lecteur devrait consulter un professionnel compétent.

Copyright © 2017 Jean T. Saint Sauveur

Copyright © 2017 TEACH Services, Inc.

ISBN-13: 978-1-4796-0774-7 (Paperback)

ISBN-13: 978-1-4796-0775-4 (ePub)

ISBN-13: 978-1-4796-0776-1 (Mobi)

Library of Congress Control Number: 2017900727

Ce livre servira de baromètre et de guide pour les chrétiens dans leur cheminement, un miroir reflétant l'état de leurs démarches chrétiennes. Il nous permettra de voir, de comprendre en nous et autour de nous, bien des choses qui jadis étaient voilées.

« En tant qu'étrangers et voyageurs sur cette terre », 1 Pierre 2:11; « Vous sondez les Écritures, parce que vous pensez avoir en elles la vie éternelle; ce sont elles qui rendent témoignage de moi », a dit Jésus dans Jean 5:39.

TABLE DES MATIÈRES

PRÉFACE 9

INTRODUCTION...11
Les lettres aux Romains, le cœur du plan du salut

Chapitre 1
DIEU EST AMOUR..15
L'amour incompréhensible de Dieu - Dieu emprunte l'image d'une mère - Dieu emprunte l'image d'un père - Jésus emprunte l'image d'un fiancé et d'un marié - La puissance de l'amour agapè - Comment acquérir l'amour agapè - L'essentiel c'est d'aimer

Chapitre 2
LA PAROLE DE DIEU EST PUISSANTE....................................29
La puissance de la parole de Dieu - Jésus a précisé sa mission - Jésus nous donne une procuration en son nom - Jésus met de l'emphase sur l'essentiel - Son pouvoir sur la maladie et la mort

Chapitre 3
LES PROPHÉTIES, UNE SIGNATURE DIVINE 42
Des prophéties remarquables - La justesse prophétique de la parole de Dieu - Dieu a limité la durée de vie humaine par la parole - Quand Dieu dit

Chapitre 4
LA RÉVÉLATION DIVINE 51
La révélation divine - La révélation divine est graduelle - L'éducation graduelle par la consécration - La prophétie de Daniel 2 et son aspect progressif - Le baptême et ses implications progressives - L'empreinte du Dieu Créateur sur l'univers - Une mathématique de vertige - Le mimétisme de Soleil et Lune - La Lune est captivante.

Chapitre 5
UN PÉCHÉ CONTAGIEUX 67
Le péché dans sa définition - Le péché contagieux d'Adam et Ève - Une force contraignante dans l'homme naturel, le péché - La dépravation de la race humaine - La chair, la demeure du péché - Sa destruction - L'antidote au péché, la croix ou la mort du vieil homme - La solution au péché, le sang de Jésus-Christ - Les péchés un enjeu crucial pour le croyant - Mise au point

Chapitre 6
MOURIR À LA LOI...82
Le rôle de la loi de Dieu - La loi et le déroulement du plan du salut - Quand sommes-nous sous la loi, selon Paul? - Mort au péché et vivant pour Dieu en Christ - Comment libérer de l'emprise de la loi - Mise au point

Chapitre 7
LA CROIX 95
La signification de la loi dans la vie du croyant - La croix, la base du christianisme - Le rôle de la croix ou les difficultés - Supporter sa croix pour suivre Jésus - Chacun a sa croix, son chemin - Dieu nous transforme par les difficultés - La croix, le chemin de la gloire

Chapitre 8
LA NOUVELLE NAISSANCE..110
La résurrection ou la nouvelle naissance - Le cœur - Une créature greffée - La race humaine dans Jésus-Christ - Jésus dans les croyants - Une greffe accomplie - Mise au point

Chapitre 9
DES CHRÉTIENS MODELÉS 121
Du fruit de la nouvelle naissance - Le chrétien et la maîtrise de soi - Des membres en santé forment un corps sain - Vivre comme des chrétiens sacrificateurs - Un homme à la stature parfaite de Christ

Chapitre 10
LE BAPTÊME DU SAINT-ESPRIT 131
Le Saint-Esprit dans la vie du chrétien - Le sceau de Dieu sur le chrétien - Le baptême du Saint-Esprit - Le Saint-Esprit avant le baptême - Le Saint-Esprit et des prophètes - Des rôles du Saint-Esprit - Pourquoi nous ne devons pas attrister le Saint-Esprit? - La tristesse du Saint-Esprit - Des raisons de sa tristesse - Des faits probants - Pour aller plus loin

Chapitre 11
LE CHRÉTIEN EST UN SOLDAT 146
Le travail du soldat - Développer des techniques de combat - Les armes du chrétien sont spirituelles - La puissance de nos armes - Explorer la foi - La signification de la foi - Des écueils à la foi - La prière de la foi, une arme redoutable

Chapitre 12
UNE DESTINATION EXTRAVAGANTE..160
Le retour glorieux de Christ - Des annonces prophétiques sur ce retour - Des raisons de sa venue - Des caractéristiques de son avènement - Des promesses pour les sauvés - La vraie demeure de l'homme: la maison paternelle - La nouvelle Jérusalem - L'exploration de la nouvelle Jérusalem

PRÉFACE

Le plan du salut est comme une grande toile que Dieu déroule progressivement devant nous à travers des siècles et des générations. En raison de la brièveté de la vie de l'homme, chacun n'a pas pu apprécier toute la beauté de la finition de cette œuvre peint avec dextérité par des artistes distingués. Mais, il revient aux dernières générations de contempler toute la finesse et l'excellence de cette réalisation habilement conçue, et jalousement conservée, sous l'œil attentif de l'Artiste en chef, le Dieu Créateur.

La rédaction de cet ouvrage n'était pas une action planifiée, même si je nourrissais cette idée depuis des années. Elle est le fruit d'un entretien que j'ai eu avec mon épouse qui voudrait que j'écrive un livre sur la prière et la louange. Le jour suivant, j'ai commencé l'ébauche d'une table des matières et compilé des idées en vrac. Au fur et à mesure, je les mets en ordre, les peaufine pour réaliser ce livre qui contribuera à votre épanouissement spirituel.

La bible est une bibliothèque immense et inépuisable. À travers des siècles et des générations, on s'arrête pas d'y faire des recherches; de découvrir de nouvelles branches d'études plus approfondies. Malgré tout, il semble que nous commençons à peine à fouiller ce trésor enfoui dans les profondeurs de Dieu. Ce qui est plus merveilleux avec la bible, c'est surtout le Saint-Esprit qui nous révèle certains mystères et vérités qui jusque là se dérobaient à notre esprit, ou que notre esprit ne décelait pas. La connaissance exacte de la parole de Dieu peut nous donner des idées claires, et nous aider à faire des choix éclairés pour notre avenir spirituel. Par contre, un manque de connaissance peut nous entraîner inconsciemment sur le chemin de la perdition (Osée 4:6). J'ose surtout croire que cet ouvrage continuera à déchirer le voile qui tenait trop longtemps certaines vérités captives, pour faire place à une lumière plus grande.

« Un livre, dit Victor Hugo dans Tas de pierres, est un engrenage. Prenez garde à ces lignes noires sur du papier blanc; ce sont des forces; elles se combinent, se composent, se décomposent, entrent l'une dans l'autre, se dévident, se nouent, s'accouplent, travaillent. Telle ligne mord, telle ligne serre et presse, telle ligne entraîne, telle ligne subjugue. Les idées sont un rouage. Vous vous sentez tirer par le livre. Il ne vous lâchera qu'après avoir donné une façon à votre esprit...». Je présume que ce livre contribuera à vous faire vivre de nouvelles émotions positives dans votre relation avec Dieu.

En ce qui concerne la révélation sur le plan du salut, c'est le meilleur ouvrage que je puisse mettre à votre disposition. J'espère que vous trouverez, comme sur une plage fraîchement explorée, des pierres précieuses propres à utiliser dans la construction de vos temples personnels; et des jolies coquilles qui embelliraient l'intérieur. Ce livre est une production surprise. Est-ce le début d'un commencement? La réponse est incertaine, même si je ne cesserai pas de scruter la parole de Dieu, à la recherche des trésors cachés.

Jean T. Saint Sauveur

Introduction

En avril 2014, j'ai participé à une formation où l'on faisait la promotion pour la diffusion de la bonne nouvelle du salut. Dans une intervention, je faisais remarquer au conférencier qu'il manque aux chrétiens un livre dans le style d'un mémento; car, certains d'entre nous passent des années dans l'église sans vraiment saisir les lignes directrices à suivre pour un cheminement spirituel efficace. Ces lignes représenteraient des balises et boussoles qui nous maintiendraient sur le chemin menant à la vie éternelle. Cet ouvrage que je vous présente aujourd'hui, fait suite à cet échange de point de vue. J'ai passé beaucoup de temps à sonder la bible, à la recherche du trajet principal pouvant nous maintenir sur la voie du salut. En effet, je peux vous confirmer que j'ai découvert les grandes artères. Ce livre trace l'itinéraire principale de la démarche chrétienne.

Dans cette course, chacun a son chemin quand le Saint Esprit doit résoudre un problème particulier à une personne. C'est comme sortir de l'autoroute pour un laps de temps, et poursuivre un tronçon à travers des voies secondaires; mais tout le monde doit passer par les

> *Ce livre trace l'itinéraire principale de la démarche chrétienne.*

points de contrôle qui se situent sur les routes principales à des endroits stratégiques incontournables. Je ne suis pas en train de comparer la conversion à une science exacte comme : 2+2=4, mais il est clair que la conversation de Jésus avec Nicodème dans Jean chapitre 3, et la déclaration de l'Apôtre Paul dans 1 Corinthiens 3 :1,2; démontrent qu'il y a une démarche chrétienne. Cette analogie définit bien la réalité du cheminement chrétien. Ce n'est pas une course vague, sans trajectoire, ni règlements, où les coureurs se livrent à eux-mêmes, sans objectif défini.

Dans une démarche chrétienne normale, le croyant doit être « baptisé d'eau et d'Esprit », selon la recommandation de Jésus-Christ, Mathieu 28 :19. Ce livre vous explique minutieusement ce que représente le baptême d'eau comme symbole, et le baptême du Saint-Esprit comme expérience. Il vous livrera les principaux secrets de cet entretien que Jésus a eu avec le docteur Nicodème qui ne pouvait pas comprendre la teneur des propos du Seigneur. La lecture de ce livre, vous indiquera les signes manifestes du baptême du Saint Esprit. Il vous aidera à comprendre le processus de la mort de l'homme charnel qui doit précéder la nouvelle naissance. Il vous donnera le sens exact de cette prescription de Jésus : « se charger de sa croix pour le suivre ». Il présente une démarche structurée de la vie normale d'un chrétien. Certains chapitres sont spécialement conçus pour faciliter votre compréhension de la bible, en ayant une vision plus claire de la méthode d'éducation divine. Tout cela doit contribuer à nous procurer une vie chrétienne plus épanouie. Quand est-ce qu'un chrétien n'est plus sous la loi? Cet ouvrage vous répond de façon objective.

Il décrit aussi l'amour indéfectible de notre Créateur pour les humains, la révélation suprême de cet amour, en la personne de Jésus-Christ. Il met l'accent sur les images utilisées par Jésus pour exprimer son attachement à l'église. Le contenu de l'épître aux Romains démontre que l'Apôtre Paul était au sommet de son art, et que le Saint Esprit lui aurait révélé les tops secrets du plan du salut. Vous pourrez aisément identifier les puissantes armes de combat du

---

L'épître aux Romains démontre que l'Apôtre Paul était au sommet de son art, et que le Saint Esprit lui aurait révélé les tops secrets du plan du salut.

---

chrétien, et s'exercer à les utiliser pour se protéger contre les assauts du Malin. Ce livre est conçu pour nous encourager à marcher vers la sanctification.

Il est le fruit de mes expériences personnelles et le résultat de mes démarches pour comprendre la volonté de Dieu pour nous, les chrétiens. Je n'écris pas par habitude, mais par un sentiment de nécessité pour partager avec vous des connaissances qui restent parfois voilées, en dépit de leurs importances pour notre progrès spirituel. En effet, le vœu de notre Père céleste c'est d'avoir une multitude de fils transformés à l'image de son Fils aîné, Jésus-Christ, pour former un royaume de sacrificateurs, dont Christ est le Souverain. Ce qui veut dire, qu'il a rendu disponibles tous les éléments nécessaires que notre condition spirituelle requiert pour accomplir sa volonté. Efforçons-nous, mes frères et sœurs; comme des athlètes au jeu olympique qui déploient toute leur énergie pour l'obtention d'une médaille passagère. La victoire est à notre portée, levons nos regards vers Jéhovah, de la même façon que Moïse a vaincu Amalek (Exode 17:16), en gardant la main levée vers le trône du Seigneur; nous remporterons la grande victoire finale. Cette expérience nous rappelle l'importance de rester en communion avec Dieu par la prière dans la sanctification, afin de vaincre l'Ennemi.

Les lettres aux Romains, le cœur du plan du salut

La compréhension de l'épître aux Romains pourra aider le croyant à vivre une vie chrétienne plus épanouie, dans toute la dimension de la révélation du plan du salut. Il arrive que des chrétiens sincères, animés de bonne volonté, mènent une vie spirituelle misérable; parce qu'ils ont une perception voilée de la volonté de Dieu. Dans diverses facettes de notre vie, la connaissance peut procurer un puissant pouvoir d'agir et de réagir, de façon spontanée ou par anticipation. Alfred Kuen, dans son ouvrage intitulé « les lettres de Paul », aux pages 69 et 70, a fait l'éloge des lettres aux Romains, en rapportant les citations élogieuses de plusieurs Auteurs. Nous tenons à souligner l'importance de ces lettres placées au cœur du Nouveau Testament; parce que nous allons emprunter plusieurs textes de cette épître pour corroborer certains sujets que nous développerons dans ce livre. D'abord, nous proposons de parler brièvement de l'importance de ce livre pour la compréhension des écritures sacrées. Selon certains écrivains, cette épître représente le testament de Paul. Dans cette lettre, on sent que les connaissances de l'Apôtre ont explosé pour livrer à ses lecteurs tous les secrets qui constituent le cœur du plan de la rédemption. Martin Luther King la considérait, selon Alfred Kuen, « comme le livre capital du Nouveau Testament, le plus pur évangile »; il l'appelait : « le cœur et la moelle de tous les livres ».

C'est le livre qui exprime avec la plus grande précision, ce que le chrétien est en Jésus-Christ; ce que Dieu a fait de chaque chrétien en Jésus-Christ ou ce que chaque chrétien devrait être en Jésus-Christ. Il est surnommé : « la clé d'or des écritures ». Si les dirigeants d'églises l'utilisent dans le but de transformer les cœurs, il pourra apporter, avec l'aide du Saint Esprit dont la parole divine est le serviteur, un renouveau dans les communautés chrétiennes. D'après R. Haldame (19) p.1, « c'est la seule partie de l'écriture qui contient un exposé détaillé et systématique des doctrines chrétiennes. Les grandes vérités disséminées dans toutes les autres parties de la bible, sont rassemblées dans cette épître en une forme condensée et compréhensible ». L'exercice a pour but de piquer votre curiosité sur le contenu des lettres aux Romains que le pasteur C. Den Boer a qualifié de « tempête du Saint-Esprit ». Ainsi, vous prendrez la décision de passer plus de temps à puiser les trésors enfouis au plus profond de chaque lettre, chaque mot, chaque phrase, et chaque verset de cette clé d'or des écritures sacrées. Si les lettres aux Romains représentent la clé d'or des écritures sacrées; on pourrait ajouter que la clé d'or de l'épître, elle-même, est sans conteste, le chapitre 7. D'après Alfred Kuen, Jean Calvin disait : « Quiconque est parvenu à la vraie intelligence d'icelle, a comme la porte ouverte pour entrer jusques aux plus secrets trésors de l'écriture ». Il faut noter qu'icelle est une forme renforcée de celui-ci, celle-ci; qui représente la lettre aux Romains. Approchons-nous donc avec avidité pour assouvir notre soif, et nous engager vers des horizons nouvelles.

Jean T. Saint Sauveur

Chapitre 1
Dieu est Amour

1. L'Amour incompréhensible de Dieu

Dans une compilation de messages d'enfants à Dieu, Stuart Hample et Eric Marshall ont rapporté ces paroles de Nan : Cher Dieu, je suppose que c'est très difficile pour toi d'aimer tout le monde de l'univers entier. Il y a seulement quatre personnes dans ma famille, et je n'y arrive pas.

L'histoire d'une mère et son fils relatée par Doris Hays Northstrom, pourrait répondre à l'interrogation de l'enfant. « Cette mère avait trois grands enfants avec qui elle passait des moments merveilleux. Ils organisaient des pique-niques ensemble; jouaient au volley-ball dans la cour arrière de leur maison. Ils contemplaient en excursion les beautés de la nature. Ils menaient une vie heureuse, jusqu'au moment où son plus jeune fils qui fut un enfant affectueux, tendre, aimant la famille, commence à se succomber progressivement sous le poids de la dépression. Le jeune, jouait au volley-ball à son école. Il organisait des petites compétitions pour ses nièces et neveux. Il était très proche de sa mère. Mais, à seize ans, la dépression a eu raison de lui; il a tout abandonné, école, famille, et amis pour s'évader dans les rues.

Sa mère raconte qu'elle n'a pas cessé d'encourager son fils et de prier pour lui. Il est revenu à la maison un hiver, et dit à sa mère : maman, j'ai peur. Elle a bercé son fils de 1,90 m dans ses bras. La sueur se mêlait aux larmes qui coulaient sur ses joues. Elle essuyait le front de Brian, mais incapable de résoudre son problème. Mon fils, dit-elle, tu vas t'en sortir; le monde a besoin d'un garçon comme toi. Le jeune homme tourmenté, a laissé de nouveau la maison familiale. Sa mère continue de souffrir en silence durant des journées sombres et des nuits d'insomnie. Après quelques semaines, Brian appelle sa mère, et dit : maman, crois-tu que je peux revenir à la maison? C'est horrible ici. Je crois que je deviens fou. Est-ce qu'on peut se rencontrer pour parler?

La mère courait à toute vitesse dans sa voiture pour aller rencontrer son fils dans un restaurant. Là, elle regardait son fils assis, les yeux creux et le visage défait; comme un enfant fatigué qui ressemblait à un vieil homme. Elle confie que la douleur de son fils a secoué son cœur déjà fatigué. Tout est mélangé dans sa tête. On dirait que celle-ci était sur le point d'exploser. La veille, le fils avait adressé une carte de souhait à sa mère, à l'occasion de la fête des mères, sur laquelle il a inscrit ces mots : Maman, je t'aime et je pense à toi bien plus souvent que tu ne pourrais jamais l'imaginer. La mère l'entourait de ses bras, et il ajoute : Maman, j'ai voulu m'enlever la vie, en finir pour cesser de souffrir, mais je ne pourrais jamais te faire ça. Ils ont pleuré de douleurs et de joie ensemble. L'histoire a bien fini; car, dix ans plus tard, son fils était encore à la maison ». Nous pouvons emprunter à Dieu cette pensée de Rabindrath Tagore, pour répondre à la question de Nan : Je ne l'aime pas parce qu'il est bon; je l'aime parce qu'il est mon enfant. Notre Dieu nous aime, parce que nous sommes ses enfants qu'il avait créés selon son image, et sa ressemblance. « Grâce à l'œuvre de rédemption de Jésus-Christ : Tout le trésor du ciel s'ouvre pour ceux qu'il veut sauver. Ayant rassemblé les richesses de l'univers, et déployé les ressources de sa puissance infinie, Dieu a remis tout entre les mains du Christ en lui disant, tout ceci est pour l'homme », E.G. White, Jésus-Christ, p.41

Le Dieu Créateur, est le Seigneur absolu de tout l'univers. Il n'est pas limité dans le temps et dans l'espace. Il est éternel, omniscient, et omniprésent. Sa grandeur, sa sagesse ne peuvent être enfermées dans la compréhension bornée de l'homme. Le fini ne peut pas contenir l'infini. Pour se faire comprendre, Il utilise notre langage et notre réalité. Dieu est amour, dans son Être, dans sa Nature; même si celle-ci reste hostile aux péchés. Toute sa parole, toutes ses actions sont guidées par l'amour. L'amour représente son caractère dominant qui détermine son œuvre. En effet, la bible est la plus belle histoire d'amour qui est à notre portée. Elle est si accessible, qu'elle passe pour un livre ordinaire, son importance passe inaperçue. Il est vrai qu'elle contient des scènes de violence, de corruption, de péché, et même d'intrigues politiques; mais ces notes sombres expliquent l'existence d'une lutte cosmique où souvent l'homme est pris au piège de Satan, tandis que Dieu cherche incessamment à le délivrer. Les différentes histoires bibliques qui exposent les imperfections de la race humaine sont les preuves évidentes que le Créateur se soucie des malheurs humaines, et recherche toujours l'homme qui s'enlise dans la boue du péché. C'est le livre par excellence qui exprime le caractère du Dieu Créateur. La bible contient de multiples interventions miraculeuses de Dieu, dans ses démarches pour exécuter son plan d'amour en vue d'affranchir l'homme de la chaîne du péché et de le rétablir comme étant son enfant.

Cette brève histoire servira à nous donner une pâle idée de ce que Dieu a ressenti au moment de la déchéance de l'homme « qu'il a créé à son image, selon sa ressemblance; et à qui Il a donné la domination » (Genèse 1:26,27) sur toutes les autres créatures vivant sur la terre. Nous devons imaginer les déconvenues d'un roi qui a vu l'un de ses fils mépriser son rang royal pour mener une vie de débauche et de délinquance. Dans la mesure de notre possibilité, mettons-nous dans la peau de ce Monarque, et pensons à tous les dessous de cette situation décevante et à ses implications sociales, voire politiques.

Contrairement à un roi terrestre qui éventuellement tenterait d'écarter son fils afin d'effacer les mauvais souvenirs que sa présence rappelle, et rétablir la réputation royale; Dieu a consenti le sacrifice ultime, celui de son Fils unique, Jésus-Christ (Jean3 :16), pour rétablir son image en nous. De cette manière, Il a racheté et rétabli la vie de chaque fils et fille d'Adam qui accepte ce sacrifice comme moyen de salut. Aujourd'hui, Jésus-Christ est notre grand frère, Il partage avec nous un même Père, (voir Romains 8 :29).

2. Dieu emprunte l'image d'une mère

Le Dieu Tout-Puissant a fait une intervention spéciale auprès de Moïse pour faire une déclaration d'amour très spéciale : Exode 34 :6, Il s'écria : « L'Éternel, l'Éternel, Dieu miséricordieux et compatissant, lent à la colère, riche en bonté et en fidélité ». En hébreu, Dieu a utilisé le mot hébreu « Racham », qui veut dire ressentir de la pitié ou de la compassion, en plus d'une profonde affection pour une personne, comme pour son fils coincée dans une situation désespérée. On parle ici de l'affection qu'une mère éprouve pour son enfant. Donc, la personne qui est touchée, ressent une douleur qui provient de la compassion face à la misère ou au mal subi par la personne aimée. Ce mot peut être attribué seulement à Dieu par rapport à l'homme. Le mot « Racham » vient d'un autre mot hébreu « Rechem » qui signifie entrailles, ventre, matrice, compassion, parce qu'il exprime une compassion pareille à l'émotion qu'une mère ressent dans ses entrailles ou dans sa matrice pour son fœtus, qui s'y forme en sécurité. Dans la langue hébraïque, on compare une personne qui prend du temps à se mettre en colère à quelqu'un qui a un nez long ou les narines ouvertes « Erech Aphajim ». Son nez lui permet de respirer plus facilement de l'air frais pour rafraîchir son cœur. Donc, son nez prend du temps pour rougir, quand il est en colère. Notre Dieu, notre Père a utilisé cette analogie pour nous dire qu'Il est lent à se mettre en colère. Il est un Père qui use de la patience envers ses enfants.

Un autre texte qui explique de façon claire et explicite l'amour de Dieu, est la suivante : « Esaie 49 :15, Une femme oublie-t-elle l'enfant qu'elle allaite? N'a-t-elle pas pitié du fruit de ses entrailles? Quand elle l'oublierait, Moi je ne t'oublierai point ». Sans une image concrète de notre réalité terrestre, notre entendement serait incapable de saisir les réalités du royaume de Dieu; c'est pourquoi, l'Éternel utilise l'exemple d'une mère qui aime éperdument son enfant. Après l'avoir nourri dans ses entrailles à travers le cordon ombilical; à la naissance ce lien physique est remplacé par un puissant lien d'amour et d'affection indéfectible. Ainsi, Dieu sait en utilisant cette image, nous pourrons saisir une représentation plus juste de son amour. Étant donné que nous avons la possibilité d'expérimenter cet amour maternel dans notre environnement et dans notre vie.

L'amour que Dieu porte pour nous les humains est sans mesure, et sans condition préalable. Nous sommes l'objet de sa joie, de son plaisir et de sa sollicitude. Après la chute de l'homme, l'Éternel n'a pas pris du temps pour annoncer son projet d'intervenir pour établir une limite entre Satan et l'homme, Genèse 3 :15. Il a prédit de mettre de l'hostilité entre Satan et la femme, ainsi que la descendance de la femme. Comme un Père aimant voulant offrir tous ses biens à ses enfants, les promesses de Dieu à l'égard de l'homme se multiplient et se succèdent.

3. Dieu emprunte l'image d'un Père

Dieu tout-puissant se rapporte au mot hébreu : « El shaddaï ou el sadday ». Certains commentateurs tiennent à l'origine du mot akkadien « sadû qui signifie sein, montagne ». D'autres préfèrent le mot hébreu « sha qui veut dire : sein de la mère ». El en hébreu veut dire Dieu, le mot « shaddaï » se rapporte à ses attributs paternels et maternels. Il s'agit d'un Dieu tout-puissant qui a les moyens d'accomplir toutes ses promesses. En plus de sa force, de sa puissance et de son pouvoir illimités, il a la souplesse et la tendresse d'une mère nourricière pour pourvoir aux différents besoins de ses enfants. Genèse 49 versets 24, 25 nous dit « qu'Il est ainsi devenu le Berger, le Rocher d'Israël. C'est l'œuvre du Dieu de ton Père, qui t'aidera. C'est l'œuvre du Tout-Puissant qui te bénira, des bénédictions des cieux en haut; des bénédictions des eaux en bas; des bénédictions des mamelles et du sein maternel ».

Les promesses de Dieu pour ses enfants continuent sans cesse d'affluer. Dans Mathieu 25:34, il nous invite à « prendre possession du royaume qui nous a été préparé dès la fondation du monde ». Nous avons été créés pour vivre dans la présence de Dieu. Comme un père avisé qui projette d'avoir des enfants, notre Père céleste avait fait des préparatifs, pour sa progéniture. Après qu'il eut créé le ciel et la terre, Dieu l'organisa pour qu'elle soit habitée et gérée par l'homme. À sa grande déception, son plan initial a échoué; mais par amour pour nous, Il a mis en exécution un second plan, en vue de rétablir en nous son image. À l'instar du peuple Juif qui a séjourné dans le désert, nous les chrétiens, sommes en route vers la Canaan céleste. Notre Père a réalisé toutes les conditions nécessaires à notre préparation pour le retour imminent de Jésus-Christ.

« Les choses que Dieu a préparées pour ceux qui l'aiment, ce sont des choses que l'œil n'a point vues, que l'oreille n'a point entendues, et qui ne sont point montées dans le cœur de l'homme. » 1 Corinthiens 2:9,10 nous indique que ces révélations sont l'œuvre du Saint Esprit. Le chapitre 21 de l'Apocalypse en est un exemple indéniable. Je ne doute pas que tous les humains sont unanimes sur le fait que notre monde regorge de belles choses. Les personnes qui ont assez d'argent pour voyager à travers le monde, expriment souvent leur satisfaction, pour des expériences vécues, pour la beauté de certains endroits qu'ils ont pu visiter. Mais, imaginez un instant que la parole de Dieu nous dit que tout cela ne représente rien, si on les compare aux choses merveilleuses que Jésus a préparées pour les élus. À bien réfléchir, nous devrions avoir hâte; non seulement pour voir ce moment arrivé, mais aussi pour commencer à suivre Jésus dès maintenant en vue de se préparer pour cette grande parousie.

4. Jésus emprunte l'image d'un fiancé et d'un marié

Jésus-Christ disait à ses contemporains : « Si vous ne croyez pas quand je vous ai parlé des choses terrestres, comment croirez-vous quand je vous parlerai des choses célestes? Jean 3:12 ». Car, les choses terrestres sont déjà révélées et connues de tout le monde. En tant qu'enseignant expert et avisé, Jésus a utilisé l'image du mariage, pour exprimer son amour pour les humains et le rendre compréhensible pour nous. Il s'est servi des images et des histoires percutantes qui généralement soulèvent nos passions, pour nous aider à comprendre toute l'immensité de son amour.

Il se présente comme un jeune homme épris d'une jeune fille dont Il veut à tout prix épouser. Celle-ci représente l'église ou l'ensemble des croyants qui acceptent son alliance et obéissent à sa parole, (voir Mat. 25:1-13; Mat. 22:1-14). Étant donné qu'Il veut à tout prix se convoler en noces avec elle, Il est prêt à consentir le sacrifice ultime; celui de sa vie afin que les conditions préalables à ce mariage soient réalisées pour Lui et sa fiancée. Ces conditions pour moi sont les implications de la mort et de la résurrection de Jésus-Christ dans la vie des chrétiens; par exemples, la justification par son sang, la rédemption, l'effusion du Saint-Esprit, le baptême du Saint-Esprit, le travail du Saint-Esprit, la nouvelle naissance, etc. Nous pouvons nous poser la question suivante : pourquoi Jésus a choisi spécialement l'image du mariage pour exprimer son amour pour tous les humains? Quelqu'un qui a l'heureux privilège d'épouser le fiancé ou la fiancée de son choix, nous pouvons imaginer que le jour de son mariage, son bonheur est à son comble. Jésus-Christ nous explique qu'il était dans la joie au moment où il exerçait son ministère sur la terre en vue d'instituer l'église et d'établir la base de son royaume. Et non seulement Il était content, ses amis, les disciples exultaient de joie aussi, de même que ceux qui avaient besoin de Lui. Jésus répondant à une question sur le jeûne, disait : « Les amis de l'Époux peuvent-ils s'affliger pendant que l'Époux est avec eux?... », Matthieu 9 :15.

Nous pouvons dire que pour souligner leur importance, l'Éternel a pris soins de bénir et de sanctifier certaines de ses institutions, qu'Il a créé

Chapitre 1 Dieu est Amour

lui-même, pour le bien-être de l'homme, pour son plein épanouissement émotionnel, mental, spirituel et pour assurer la pérennité de la race humaine, (voir Genèse 2 :1-3, et 23,24). Dans le livre de Mathieu, au dix-neuvième chapitre, Jésus-Christ a repris le texte de la Genèse 2, en y ajoutant : « Que l'homme ne sépare pas ce que Dieu a uni ». Il parle du mariage dans une vision d'amour sacrificiel et un engagement indissoluble, où les deux partenaires s'aiment vraiment pour la vie, se respectent, et pratiquent la fidélité, l'entraide, la tolérance, la patience. Il y a toujours dans une cérémonie nuptiale qui se fait selon les règles divines, un cachet unique portant l'empreinte du Créateur. L'invitation au mariage c'est une invitation unique qui pourrait ne pas revenir, il ne faut pas la rater. C'est vraiment une occasion où l'on célèbre l'amour dans toutes ses dimensions, les conviés sont joyeux, les habits sont spéciaux, le décor est somptueux. C'est la célébration de l'amour.

Du temps de l'Ancien Testament, une cérémonie de mariage pourrait durer jusqu'à sept jours avant que l'époux ait pu partir avec son épouse. Dans la parabole des invités de Mathieu au chapitre vingt-deux, Jésus raconte l'histoire d'un Roi qui prépare un festin pour le mariage de son Fils. Il envoie ses serviteurs convier des gens aux noces. Ici, le roi c'est Dieu le Père, le Fils c'est Jésus-Christ Lui-même, les serviteurs ce sont les prophètes et les disciples, la fiancée c'est l'église qui se prépare pour qu'au jour des noces qu'elle puisse se présenter dans une beauté sans faille. Les invités eux-mêmes représentent les personnes qui n'ont pas encore scellé leur alliance avec Jésus-Christ. Dans la parabole des dix jeunes filles de Mathieu vingt-cinq Jésus est présenté comme le marié. Il promet qu'après le mariage, son épouse aura une vie de bonheur parfait et sans fin; où « Dieu essuiera toutes larmes de ses yeux, la mort ne sera plus, et il n'y aura plus ni deuil, ni cri, ni douleur, car les premières choses auront disparues, Apocalypse 21:4 ». Dans Jean 14:2,3 Jésus ajoute : « Il y a plusieurs demeures dans la maison de mon Père, si cela n'était pas je vous l'aurais dit. Et lorsque je m'en serai allé, et que je vous aurai préparé une place, je reviendrai, et je vous prendrai avec moi, afin que là où je suis vous y soyez aussi ».

5. La puissance de l'amour Agapê

Le vrai amour (du grec agapê), s'exprime par un sain attachement, une haute estime que l'on éprouve pour quelqu'un. Nous pouvons la surnommer : « amour chrétien ». C'est un amour qui vient de Dieu.

L'homme naturel ne peut pas le posséder. C'est le Saint Esprit qui le communique au croyant, à travers son œuvre de la nouvelle naissance. Dans Romains 5:5, Paul a bien souligné que c'est le travail du St-Esprit d'implanter cet amour dans le cœur du croyant, j'ajouterais à travers une démarche graduelle. La plupart des chrétiens demandent souvent pourquoi certaines personnes qui ne sont pas des chrétiens pratiquants, exercent un amour sincère à l'endroit de leurs semblables? Paul répond à cette interrogation : « Ce ne sont pas, en effet, ceux qui écoutent la loi qui sont justes devant Dieu, mais ce sont ceux qui la mettent en pratique. Quand les païens, qui n'ont pas la loi, font naturellement ce que prescrit la loi, ils sont, eux qui n'ont point la loi, une loi pour eux-mêmes; ils montrent que l'œuvre de la loi est écrite dans leurs cœurs, leur conscience en rendant témoignage, et leurs pensées s'accusant ou se défendant tour à tour. C'est ce qui paraîtra au jour où, selon mon Évangile, Dieu jugera par Jésus-Christ les actions secrètes des hommes », Romains 2:13-16.

L'amour agapê est très puissant. Sa puissance dépasse celle de toutes les armes de destruction qui existent. Elle combat avec efficacité la haine, l'injustice, et tous les mauvais traits de caractère qui ravalent l'homme et ternissent en lui l'image de son créateur. C'est cet amour qui permet à Jésus de venir mourir pour tous les pécheurs sans aucune distinction. Il a reçu de ses créatures, gifles et crachat au visage. Il fut condamné par celles-ci à mourir sur la croix, après une parodie de jugement. Il n'a pas reculé devant ce verdict humain, en vue de désarmer Satan et sauver les hommes. L'Apôtre Paul, qui avant sa conversion au christianisme était un persécuteur des chrétiens, a dit que : « l'amour du Christ nous presse ». Oui, l'amour engendre l'amour, c'est difficile de ne pas aimer en retour une personne qui nous exprime tant d'amour, (voir Jean 17:26). Quand nous arrivons à comprendre combien l'amour de Dieu pour nous est grand, nous serons contraints par son amour à l'aimer en retour, 2 Corinthiens 5:14. Par amour pour l'humanité, Jésus a vécu l'humiliation. C'est grâce à l'amour agapê que Jésus a pu surmonter des affronts de toutes sortes sans penser à se venger, ni prévaloir de ses droits de Créateur.

6. Comment acquérir l'amour agapê?

L'homme naturel issu d'Adam est charnel, parce que « ce qui est né de la chair est chair; » Jean 3:6a. Mais s'il subit la nouvelle naissance grâce à sa collaboration aux interventions du Saint-Esprit; cet amour divin pourra se développer en lui et lui permettant de vivre selon l'Esprit. « Ce qui est né de l'Esprit (Saint Esprit), est esprit » (esprit de l'homme), Jean 3 :6b. Nous avons déjà mentionné que c'est le travail du Saint-Esprit de susciter en nous l'amour, moyennant que certaines conditions se réalisent. Entre autre, « le croyant doit prendre sa décision personnelle de s'engager, d'une façon ou d'une autre, dans le service du Seigneur, avec sincérité ». C'est à ce moment qu'il donne l'autorisation au Saint Esprit à travers son engagement dans le baptême, d'intervenir dans sa vie. Étant donné que l'engagement a été pris au nom du Père, du Fils, et du Saint Esprit. Et c'est au Saint Esprit que le Christ a donné la responsabilité d'achever le travail qu'il avait commencé, en collaboration avec sa parole et ses disciples. Par exemple, quand Gédéon avait choisi les membres de son armée, la grande majorité de ces gens ne voulait pas être là, Juge chapitre 7. Alors, l'Éternel ne voulait pas non plus que Gédéon les utilise, et demande de renvoyer ceux qui étaient là contre leur gré. Ces personnes n'ont pas pu s'approprier et porter les armes, ni l'armure divines qui étaient disponibles pour les soldats qui s'apprêtaient à partir en guerre. Cette histoire fait aussi référence à la réalité spirituelle de la vie chrétienne, parce que Paul a comparé les croyants à des soldats dont les armes spirituelles sont énumérées dans l'épître aux éphésiens au chapitre six. Le soldat obéit aussi aux ordres de ses supérieurs hiérarchiques. Son obéissance, sa bravoure, sa loyauté, sa discipline, son intelligence à faire le bon choix, doivent contribuer à son ascension à de plus grandes responsabilités. Il doit faire preuve d'un engagement total. C'est ainsi qu'il développera une relation de confiance avec son vis-à-vis.

Et moi, je vous dis : « Demandez, et l'on vous donnera; cherchez, et vous trouverez; frappez, et l'on vous ouvrira. Car quiconque demande reçoit, celui qui cherche trouve, et l'on ouvre à celui qui frappe, Luc 11:9,10 ». On note une progression dans la démarche du croyant en quête des différentes bénédictions divines. Il doit demander tout en continuant à chercher. Si sa recherche ne produit pas le résultat escompté, il ne doit pas hésiter à frapper. Dieu a tendance à ne rien donner à celui qui reste inactif sans rien risquer, la parabole des talents de Mathieu 25 en est un exemple probant. Le troisième serviteur qui avait reçu un talent l'avait caché jusqu'au retour du maître, arguant que le maître est trop dur. Le maître a dû prendre son talent, pour le donner à un autre qui avait déjà une plus grande responsabilité. Cela fait partie du domaine de la foi. Aux noces de Cana dans Jean chapitre 2, Jésus disait aux serviteurs : « puisez de l'eau et apportez », c'est au moment où l'organisateur de la réception eut goûté, que l'eau se transforma en vin. Alors, les serviteurs ont risqué par obéissance et par la foi, d'apporter aux convives, cette eau qui n'était pas encore le vin. Une autre histoire étonnante dans Josué, chapitre trois. Le fleuve de Jourdain allait se fendre en deux, comme ce fut le cas de la Mer Rouge pendant l'exode du peuple Juif. Mais, il faut remarquer que c'est au moment où les prêtres qui portèrent le coffre de l'Alliance du Seigneur posèrent les pieds dans les eaux du Jourdain, que celles-ci se coupèrent en amont, et s'arrêtèrent en une seule masse. Les prêtres commençaient à traverser avec les pieds dans l'eau, c'est alors que la puissance de l'Éternel se manifesta, (voir Exode 14:15,16; Josué 3:13-16). Souvent le miracle n'a pas eu lieu, parce que nous avons eu peur de prendre un certain risque, en restant passifs. Le chrétien qui ne veut pas s'engager ne peut pas expérimenter la puissance divine. Le Saint-Esprit ne peut pas accomplir son œuvre en nous avec efficacité si nous sommes inactifs.

7. L'essentiel, c'est d'aimer

« Dieu est amour; et celui qui demeure dans l'amour demeure en Dieu, et Dieu demeure en lui, 1 Jean 4 :16 »

> *C'est la santé spirituelle de nos cœurs qui détermine notre attitude envers Dieu et envers nos semblables.*

Aimer, c'est ce qui est le plus important. C'est la santé spirituelle de nos cœurs qui détermine notre attitude envers Dieu et envers nos semblables. Le cœur peut souffrir de certaines maladies spirituelles telles que : l'orgueil, l'hypocrisie, l'animosité...etc. S'il est malade, il produira les fruits de sa maladie. Mais, s'il est en bonne santé, ses fruits refléteront son état de santé optimum. Nous en parlerons un peu plus loin, cela aidera à mieux comprendre pour quelle raison Dieu avait promis de changer nos cœurs dans Ézéchiel au chapitre 36:26, 27. Nous comprendrons mieux, ce que le cœur du croyant représente pour Dieu, selon la bible.

Notre Créateur veut que notre amour soit aussi l'image de son amour. Que nous nous évertuons à modeler notre façon d'aimer sur le sien. Tous ceux qui aspirent réellement à être des citoyens du royaume des cieux, doivent chercher avec avidité à pratiquer l'amour agapê. Jésus a jugé bon de le donner comme un commandement nouveau : « Aimez-vous les uns les autres, comme je vous ai aimés; aimez-vous les uns les autres. À cela, tous reconnaîtront que vous êtes mes disciples, si vous avez de l'amour les uns pour les autres, Jean 13:34, 35 ». Pour répondre à une question des Pharisiens, le Seigneur a résumé les dix commandements d'Exode vingt en deux. « Le plus grand commandement, tu aimeras le Seigneur, ton Dieu, de tout cœur, de toute ton âme, de toute ta pensée. Le second : tu aimeras ton prochain comme toi-même. Toute la loi dépend de ces deux commandements, Mathieu 22:37-40 ». Si tu donnes de l'amour pour la haine, tu finiras par gagner certains cœurs hostiles; tandis que d'autres le restera de façon implacable malgré l'évidence de ton amour. Si tel est le cas, continues à aimer quand même, selon la prescription divine, un jour ou l'autre, tu obtiendras ta récompense. « Ne lassons pas de faire le bien; car nous moissonnerons au temps convenable, si nous ne relâchons pas », Galates 6:9. C'est un combat sans merci, c'est une lutte ardue, ce n'est pas toujours évident, ce n'est pas toujours gagner d'avance; mais poursuivez jusqu'au bout à « combattre le mal par le bien », pour glorifier Dieu et éviter de laisser l'avantage à l'Ennemi, Romains 12:21. Il faut passer par-dessus les difficultés, quelle que soit leur nature, pour continuer à aimer. Il arrive qu'il nous faut un peu de temps pour se reprendre, après certaines situations préjudiciables; mais il est impératif de garder le cap sur l'amour agapê.

Le treizième chapitre de la première épître aux Corinthiens qui est reconnu pour être un chapitre exceptionnel, nous a expliqués que ce qui compte surtout, c'est l'amour agapê. Pour comprendre dans quel contexte, l'Apôtre Paul nous a légué ce chef-d'œuvre qui définit l'extrême importance de l'amour; il faut considérer les deux chapitres qui l'entourent. Ils sous-entendent que de nombreux chrétiens de Corinthe étaient attirés par certains dons plus que d'autres. Certains dons tels que : don de la prophétie, don de parler en langue, étaient plus visibles et plus enviables. Alors, l'engouement pour ces dons avait créé un atmosphère malsain entre les croyants.

Au chapitre douze, l'Apôtre a commencé par donner des critères qui permettront de distinguer le Saint-Esprit des esprits malins : « Je vous déclare que nul, s'il parle par l'Esprit de Dieu, ne dit : Jésus est anathème. Et que nul ne peut dire : Jésus est le Seigneur! Si ce n'est par le Saint-Esprit, 1 Corinthiens 12:3 ». Cela veut dire tout simplement que quelqu'un qui est animé d'un esprit mauvais, ne peut pas confesser que Jésus-Christ est Seigneur. Un peu plus loin, aux verset vingt-et-deux à vingt-et-cinq, Paul a fait comprendre que : « les parties du corps qui paraissent les plus faibles sont indispensables; celles que nous estimons le moins, nous les entourons de plus de soins que les autres; celles dont il est indécent de parler sont traitées avec des égards particuliers qu'il n'est pas nécessaire d'accorder aux parties plus convenables de notre corps. Dieu a disposé le corps de manière à donner plus d'honneur aux parties qui en manquent, 1 Corinthiens 12:22-24 ». Il nous invite comme les Corinthiens de ne pas être jaloux des membres qui ont reçu des dons plus visibles, parce que chaque don quelle que soit sa nature, est important pour le bon fonctionnement du corps. Alors, l'intervention de l'apôtre est circonscrit dans un contexte conflictuel où il y aurait de la jalousie, de l'envie entre les membres. C'est pourquoi, il a mis l'accent sur la nécessité pour le chrétien d'être inspiré d'un amour authentique, sans feinte venant du Saint-Esprit. En effet, nos paroles, nos actions sont souvent le fruit de notre amour ou de la façon que nous avons aimé. Les mots utilisés sont forts, les images sont frappantes, Paul a voulu sans aucun doute braquer les projecteurs sur le fait que l'amour doit être l'essence même du chrétien, son étiquette marchande, en d'autres thèmes, sa marque de commerce. « Étant donné que vous aspirez aux dons les meilleurs. Je vais vous montrer une voie par excellence ». Celle de l'amour agapê, qui surpasse tous les autres dons, 1 Corinthiens 12:31. Voilà l'argument que l'Apôtre a fait valoir aux chrétiens de Corinthe et à nous-mêmes aujourd'hui.

« Quand je parlerai les langues des hommes et des anges, si je n'ai pas la charité, je suis un airain qui résonne, ou une cymbale qui retentit. Et quand j'aurais le don de prophétie, la science de tous les mystères et toute la connaissance, quand j'aurais même toute la foi jusqu'à transporter des montagnes, si je n'ai pas la charité, je ne suis rien. Et quand je distribuerais tous mes biens pour la nourriture des pauvres, quand je livrerais même mon corps pour être brûlé, si je n'ai pas la charité, cela ne sert à rien. La charité est patiente, elle est pleine de bonté; la charité n'est point envieuse; la charité ne se vante

> *L'amour doit être l'essence même du chrétien, son étiquette marchande, en d'autres thèmes, sa marque de commerce.*

Chapitre 1 Dieu est Amour

point, elle ne s'enfle pas d'orgueil, elle ne fait rien de malhonnête, elle ne cherche point son intérêt, elle ne s'irrite point, elle ne soupçonne point le mal, elle ne se réjouit point de l'injustice, mais elle se réjouit de la vérité; elle excuse tout, elle croit tout, elle espère tout, elle supporte tout. La charité ne périt jamais. Les prophéties prendront fin, les langues cesseront, la connaissance disparaîtra. Car nous connaissons en partie, et nous prophétisons en partie, mais quand ce qui est parfait sera venu, ce qui est partiel disparaîtra. Lorsque j'étais enfant, je parlais comme un enfant, je pensais comme un enfant, je raisonnais comme un enfant; lorsque je suis devenu homme, j'ai fait disparaître ce qui était de l'enfant. Aujourd'hui nous voyons au moyen d'un miroir, d'une manière obscure, mais alors nous verrons face à face; aujourd'hui je connais en partie, mais alors je connaîtrai comme j'ai été connu. Maintenant donc ces trois choses demeurent : la foi, l'espérance, la charité; mais la plus grande de ces choses, c'est la charité, 1 Corinthiens 13 ». Les gens avaient convoités les dons qui étaient considérés comme les plus visibles. Mais le message de Paul est que l'amour surpasse tous les autres dons. Celui qui ne possède pas l'amour est comme une cymbale qui retentit, son poids sera léger dans la balance du Seigneur. Peter Kreeft a écrit, selon S. John de la croix : « que nous serons jugés sur la façon que nous avons aimé ». Nous pouvons conclure que l'amour agapê est le pivot sur lequel doit tourner notre vie chrétienne. Donc, la qualité de notre amour est à la base de nos comportements, envers notre Créateur et notre prochain.

    L'amour dont on parle ici n'est pas l'amour amical, tiré du grec philia. Il n'est pas non plus l'amour qui vient du grec eros, faisant allusion à la sexualité; il s'agit du grand amour agapê qui surpasse tout, qui résiste à l'hostilité, au dédain, à l'injure, à l'injustice, et à la haine. C'est un amour désintéressé, bienveillant, que Dieu nous communique pour nous aider à transcender au-delà de nos intérêts particuliers et de la banalité. Il est important d'éviter de tomber dans le piège de l'amour fanatique et superficiel adopté par ceux qui pensent que le chrétien a droit à une vie facile, sans embûche. Il est dit dans les écritures sacrées qu'un père châtie l'enfant qu'il aime. Un parent qui approuve toutes les décisions, bonnes et mauvaises de son enfant recevra tôt ou tard, des reproches de son enfant. Quand nous demandons à nos enfants de s'habiller convenablement pour se rendre à l'école, ou de déposer leurs gadgets électroniques pour donner un peu de répit à leurs yeux; même s'ils n'apprécient pas nos recommandations, notre façon d'agir ne veut nullement dire que nous ne les aimons pas; au contraire, nous tenons à leur bien-être, (voir Hébreux 12:1-11). Il n'est pas bon de négliger les messages sur l'édification et la transformation chrétienne, au profit des messages sur l'amour et la grâce. Dans le pain, l'intérieur et la croûte sont propre à la consommation, ils sont issus de la même mixture, sauf la croûte peut être un peu plus dure à mastiquer. Il en est de même de la parole de Dieu. Elle exprime l'amour incommensurable de Dieu, elle contient aussi des lois à observer, des restrictions qui entravent notre volonté; ainsi que des réprimandes si toutefois nous avons raté le but.

Chapitre 2
La parole de Dieu est puissante

La parole de Dieu reflète sa personnalité et son caractère. Sans sa parole, nous aurions une idée moins nette de sa personne, de son amour, de son œuvre, et de son plan d'amour pour l'humanité. Jésus, la parole personnifiée (Jean 1), donne un aperçu de sa préexistence. Il s'adressait à des Juifs, pour souligner sa supériorité et sa préexistence: « En vérité, en vérité, je vous le dis, avant qu'Abraham fût, Je suis », Jean. 8: 58

1. La puissance de la parole de Dieu

Nous nous sommes souvent intrigués par la puissance qui se dégage dans la parole de Dieu. Nous avons remarqué dans l'Ancien Testament comme dans le Nouveau Testament, toutes les merveilles, que la parole de Dieu a opérées. Il a même prêté, selon qu'Il le veut, sa parole à des hommes, pour accomplir des exploits. Dès le premier chapitre de la Genèse, le thème « Dieu dit », se répète à chaque verset. Et à chaque fois Dieu dit, ce qu'Il exprime est matérialisé. Genèse 2:17 « L'Éternel Dieu dit à l'homme, tu ne mangeras pas l'arbre de la connaissance du bien et du mal, car le jour où tu en mangeras, tu mourras ». Un peu plus loin, après que l'homme eut péché, au verset 14 à 17, Dieu a prononcé une sentence pour le péché de chacune des entités concernées : le serpent, la femme et l'homme. Ces paroles divines ont été exécutées à la lettre. Nous expérimentons et constatons leurs effets chaque jour dans nos vies et dans notre environnement. Dans Exode chapitre trois, l'Éternel a demandé à Moïse de dire au peuple Israël qui fut en esclavage en Égypte que: « Je Suis m'a envoyé auprès de vous ». Comme Moïse se plaignait de ses difficultés d'élocution, au chapitre suivant le Seigneur l'a rassuré par ces mots: « Qui a fait la bouche de l'homme? Qui rend muet ou sourd? Voyant ou aveugle? N'est-ce pas moi l'Éternel? Va donc, je serai avec ta bouche, je t'enseignerai ce que tu auras à dire ». Dieu a utilisé dans ce contexte, le verbe être comme son nom. Ce qui voudrait dire qu'il existe par ses actions, par les exploits qu'il allait accomplir en Égypte aux yeux de tout le monde, par l'entremise de Moïse. Il était visible par ses prodiges, même si Pharaon ne pouvait pas le voir.

Comme vous l'avez déjà su, Dieu a fait seulement les dix commandements et l'homme par le toucher, Sa parole est son serviteur de prédilection pour créer tous les autres éléments de l'univers. Elle est active, elle est une puissance en action au service du Créateur. Dans Ésaïe, au chapitre 55:10,11; le Seigneur déclare : « Comme la pluie et la neige descendent des cieux, et n'y retournent pas sans avoir arrosé, fécondé la terre, et fait germer les plantes, sans avoir donné de la semence au semeur, et du pain à celui qui mange; ainsi en est-il de ma parole, qui sort de ma bouche : elle ne retourne point à moi sans effet, sans avoir exécuté ma volonté et accompli mes desseins ». Outre Moïse, d'autres serviteurs ont été investi du pouvoir de la parole, nous pouvons compter : Élie, Élisée, et tous les autres prophètes; sans oublier les vrais chrétiens à travers les siècles. Jérémie 23:29, « Ma parole n'est-elle pas comme un feu, dit l'Éternel, et comme un marteau qui brise le roc »?

La parole, du grec rêma, c'est ce qui est parlé, dit verbalement ou par écrit, (Matthieu 12:36). Il signifie un mot. Il fait allusion à une déclaration, une instruction, ou un discours. Il se rapporte à l'évangile, voire à une parole au sens intellectuel. Ainsi, la parole (rêma), fait place à l'intelligence humaine contrairement à la parole (logos) qui se réfère strictement à la pensée divine. Celle-ci désigne l'expression de la pensée de Dieu et de sa volonté. Elle exprime sa conception ou son idée, Luc 7:7. Logos peut aussi signifier la parole du Seigneur ou sa volonté révélée au sujet d'une révélation directe donnée par Christ, 1 Thessaloniciens 4:15. Il

Chapitre 2 La parole de Dieu est puissante

peut être une parole divine dite avec autorité et qui exerce une puissance, Actes 10:36.

« Ces paroles que je vous ai dîtes sont Esprit et vie », a dit Jésus, Jean 6:63. Si Sa volonté est exprimée par des mots, elle n'est pas simplement des mots; elle est surtout une puissance en action. Dans le texte de 2 Timothée 3:16, le thème « inspirer de Dieu » dans la phrase : Toute écriture est inspirée de Dieu se traduit par le mot grec théopnéustos. Ce mot est composé de deux mots: Théos qui signifie Dieu, et de pnéô qui signifie souffler, c'est-à-dire le souffle de Dieu. Ce qui veut dire que la parole de Dieu fait une symbiose avec le Saint Esprit. Il est important de comprendre qu'il veuille sur l'application de sa parole, en dépit de l'opposition farouche et constante de Satan. Il a rassuré Jérémie en ce sens, en lui montrant une branche d'amandier; arbre dont le nom est tiré des verbes hébraïques : saqed, saqad, qui signifie veiller, éveiller, (voir Jérémie 1:12). Un peu plus loin dans la révélation du plan du salut, la parole de Dieu sera personnifiée par l'Apôtre Jean. L'apôtre Jean qui entretenait un lien privilégié avec Jésus-Christ, nous étonne dans les premiers versets de son livre : « Au commencement était la Parole (logos), et la Parole était avec Dieu, et la Parole était Dieu. Elle était au commencement avec Dieu. Toutes choses ont été faites par elle, et rien de ce qui a été fait n'a été fait sans elle. En elle était la vie, et la vie était la lumière des hommes. La lumière luit dans les ténèbres, et les ténèbres ne l'ont point reçue », Jean 1:1-5. Ici, l'apôtre nous emmène dans une autre dimension, la parole c'est Jésus-Christ lui-même. Si vous n'avez pas encore expérimenté la puissance qui se cache dans le Nom de Jésus, le sang de Jésus; il serait avantageux de les essayer dans diverses situations de la vie. Essayez-les quand vous êtes en danger, dans diverses situations de votre vie, le jour comme la nuit.

Dieu se sert de la puissance de Sa parole pour nous sauver. L'évangile est une puissance pour le salut de quiconque croit, a déclaré Paul. Jésus-Christ a utilisé la parole de Dieu, plus précisément des textes bibliques pour repousser Satan, au moment de sa tentation. C'est pourquoi il est important d'avoir cette arme puissante en notre possession, en tout temps, pour faire face aux suggestions des mauvais esprits qui nous incitent à prendre des mauvaises décisions. Quand Jésus avait envoyé les soixante-dix disciples, ils revenaient dans la joie, avec ce rapport : « Seigneur, les démons mêmes nous sont soumis en ton Nom », Luc 10:17.

> *Le but de Dieu serait d'intégrer sa parole en nous, pour qu'elle nous transforme, et influence nos comportements, nos actions.*

Le but de Dieu serait d'intégrer sa parole en nous, pour qu'elle nous transforme, et influence nos comportements, nos actions. C'est le sens de la nouvelle alliance, où Dieu a choisi d'inscrire sa loi dans nos cœurs. « Voici l'alliance que je ferai avec eux, après ces jours-là, dit le Seigneur : Je mettrai mes lois dans leurs cœurs, et je les écrirai dans leur esprit », Hébreux 10:16. Étant donné que la parole est puissante, elle peut transformer ceux et celles qui s'appliquent à la lire. Nous devons l'ingérer pour qu'elle s'imprègne en nous, dans notre nature. Elle peut libérer selon Paul, notre esprit de l'entrave de notre âme, c'est-à-dire contribuer à la nouvelle naissance, (Hébreux 4:12). Elle est l'une des armes que Dieu a mise à notre disposition pour combattre le mal et son auteur. Maintenant, la parole de Dieu est partout, et elle ne coûte pas chère. Nous pouvons facilement nous procurer une bible dans les magasins où l'on vend des livres usagés. En dépit de son accessibilité, elle est souvent abandonnée, négligée. On soupçonne rarement toute la puissance divine qui est cachée dans la parole inscrite dans ce livre. Pourtant, elle transforme des milliers de vies. Elle est une sauvegarde pour les âmes suicidaires, un tuteur pour les orphelins, un éducateur sûr contre la délinquance. Pour un patient, elle peut soutenir le travail du médecin dans un processus de guérison. Quel que soit l'état de votre âme, quel que soit votre passé; la parole de Dieu pourrait être votre outil de réhabilitation par excellence.

« Car la parole de Dieu est vivante et efficace, plus tranchante qu'une épée quelconque à deux tranchants, pénétrante jusqu'à partager âme et esprit, jointures et moelles; elle juge les sentiments et les pensées du cœur. Nulle créature n'est cachée devant lui, mais tout est à nu et à découvert aux yeux de celui à qui nous devons rendre compte », Hébreux 4:12,13. Pourquoi la parole de Dieu doit séparer notre âme de notre esprit? Notre âme représente notre volonté, nos sentiments. Elle est le siège des émotions et des sentiments (Luc 1:46). Elle désigne aussi la vie naturelle en nous (Actes 20:10; Genèse 2:7). L'esprit est plutôt le siège de l'intelligence, de la morale ou de la conscience de l'homme (Luc 8:55).

Chapitre 2   La parole de Dieu est puissante

Il nous permet de réfléchir, de raisonner, dans le but de faire des choix judicieux. Nos sentiments nous introduisent dans le vaste champs des émotions. Il faut noter qu'il y a de bons et de mauvais sentiments. L'apôtre Pierre comme l'apôtre Paul, exhortaient les fidèles d'avoir entre eux « un même sentiment » (1 Pierre 3:8; 2 Corinthiens 13:11; Actes 17:11). Nos émotions peuvent s'exprimer par : l'orgueil, la joie, la colère, la bonté, la haine, la compassion, l'anxiété, la tristesse, le zèle, l'exultation, le chagrin, etc. Donc, il y a des émotions qui nous conduisent à Dieu, de même qu'il y en a d'autres qui nous peuvent nous écarter de lui. Comment les mauvais sentiments ou les émotions indésirables peuvent-ils s'estomper? La réponse se trouve dans la mort du vieil homme, Romains chapitre 6:6,7; 7:4. Que le Saint Esprit qui accompagne la parole de Dieu permette qu'elle produise son œuvre transformatrice dans la vie de chacun de nous, pour notre rayonnement spirituel!

2. Jésus a précisé sa mission

« Jésus, revêtu de la puissance de l'Esprit, retourna en Galilée, et sa renommée se répandit dans tout le pays d'alentour. Il enseignait dans les synagogues, et il était glorifié par tous. Il se rendit à Nazareth, où il avait été élevé, et, selon sa coutume, il entra dans la synagogue le jour du sabbat. Il se leva pour faire la lecture, et on lui remit le livre du prophète Ésaïe. L'ayant déroulé, il trouva l'endroit où il était écrit : L'Esprit du Seigneur est sur moi, parce qu'il m'a oint pour annoncer une bonne nouvelle aux pauvres; Il m'a envoyé pour guérir ceux qui ont le cœur brisé, pour proclamer aux captifs la délivrance, et aux aveugles le recouvrement de la vue, pour renvoyer libres les opprimés, pour publier une année de grâce du Seigneur. Ensuite, il roula le livre, le remit au serviteur, et s'assit. Tous ceux qui se trouvaient dans la synagogue avaient les regards fixés sur lui. Alors il commença à leur dire : Aujourd'hui cette parole de l'écriture, que vous venez d'entendre, est accomplie », Luc 4:14-21. « Jésus a fait une chose spéciale en annonçant lui-même l'accomplissement d'une prophétie inscrite dans le livre d'Ésaie qui le concerne. A chaque fois qu'il cite un texte de l'Ancien Testament, cela prouve la véracité de la parole de Dieu ». Il a aussi dans ce passage établi sa mission envers les hommes qui consistent à guérir les blessures psychologiques et physiques, libérer les esclaves spirituels, rendre la vue aux aveugles spirituels, prêcher la bonne nouvelle, etc. Les disciples de Jésus ont reçu l'héritage de continuer sa mission.

Il descendit à Capernaüm, ville de la Galilée; et il enseignait, le jour du sabbat. On était frappé de sa doctrine; car il parlait avec autorité. Il se trouva dans la synagogue un homme qui avait un esprit de démon impur, et qui s'écria d'une voix forte : « Qu'y a-t-il entre nous et toi, Jésus de Nazareth? Tu es venu pour nous perdre. Je sais qui tu es : le Saint de Dieu. Jésus le menaça, disant : Tais-toi, et sors de cet homme. Et le démon jeta l'homme au milieu de l'assemblée, et sortit de lui, sans lui faire aucun mal. Tous furent saisis de stupeur, et ils se disaient les uns aux autres : Quelle est cette parole? Il commande avec autorité et puissance aux esprits impurs », Marc 1:24-27. Ce passage nous montre non seulement, la puissance de la parole de Jésus-Christ; il dévoile une certaine réalité du monde invisible. Le démon qui est invisible au monde sensible, voit tout ce qui se passe dans le monde visible. De plus, contrairement aux humains, il reconnaissait facilement l'identité de Jésus-Christ. Il prenait le contrôle de l'homme. Il le réduisait au silence, et s'exprimait à sa place. Encore aujourd'hui, même si l'Ennemi raffinent ses techniques, ces manifestations continuent à se reproduire. Malgré l'évidence de ces faits qui sont écrits pour notre instruction; certains croyants éprouvent de la difficulté à accepter et à percevoir cette réalité.

3. Jésus nous donne une procuration en son nom

« C'est pourquoi aussi Dieu l'a souverainement élevé, et lui a donné le nom qui est au-dessus de tout nom, afin qu'au nom de Jésus tout genou fléchisse dans les cieux, sur la terre et sous la terre, et que toute langue confesse que Jésus Christ est Seigneur, à la gloire de Dieu le Père », Philippiens 2:9-11. C'est un grand réconfort, une grande assurance pour nous de savoir que Jésus qui est notre grand-frère, a tout le pouvoir dans les cieux, sur la terre, et sous la terre, c'est-à-dire, il a le pouvoir aussi sur l'Ennemi et son armée. Il a aussi l'autorité sur la maladie et la mort. Il disait à ses disciples: « Tout pouvoir m'a été donné dans les cieux et sur la terre. Allez, faîtes de toutes les nations des disciples, les baptisant au nom du Père, du Fils, et du Saint-Esprit, et enseignez-les à observer tout ce que je vous ai prescrit. Et voici, je suis avec vous tous les jours, jusqu'à la fin du monde »; Mathieu 28: 18-20. Il ajoutera dans Luc 10:19, je vous ai donné le pouvoir de marcher sur les serpents et les scorpions, et sur toute la puissance de l'Ennemi; et rien ne pourra vous nuire. Il est important de souligner que ce n'est pas sans raison que Jésus a utilisé les noms de ces bêtes, c'est assurément parce qu'elles peuvent se représenter sous une forme surnaturelle. Il est possible que des esprits mauvais empruntent leurs images comme ce fut le cas pour le serpent dans le jardin d'Eden.

Dès le premier chapitre du premier livre de la bible, l'Éternel avait déjà donné l'autorité à l'homme sur tous les reptiles qui rampent sur la terre. Jésus a réitéré cette autorité que le péché avait affaibli, et qui peut l'être encore, suivant la qualité du cheminement de chacun. Nous devons nous rappeler constamment que Jésus nous demande seulement de demeurer en lui pour être capable d'utiliser son nom avec efficacité. Cela ne veut pas dire être seulement membre d'une église; mais il faut aussi rester attacher à Lui dans une relation étroite en menant une vie chrétienne active. Dans une vie active, le sarment porte du fruit qui vient du cep, parce qu'il partage la vie du cep. Car, quand un sarment est attaché au cep, on ne peut pas le détacher facilement. Pour y parvenir, on est obligé d'utiliser un outil mécanique ou électrique, telle qu'une scie. D'autres situations, comme des tempêtes et cyclones peuvent briser les sarments aussi. Mais, autant que cela dépend de notre seule volonté, nous avons l'obligation de demeurer. Si nous exprimons le désir de demeurer, Jésus viendra nous supporter pour nous maintenir attacher à lui.

Notre souci serait de collaborer avec l'Esprit de Dieu dans son travail de transformation en nous, en vue de nous doter de ses armes spirituelles. Nous pourrons même étonner de voir que des non-croyants se servent du nom de Jésus, dans certaines circonstances pour sortir d'une situation dangereuse. Jésus-Christ a reçu un nouveau titre après son ascension, il est Seigneur, selon l'ordre de notre Père céleste. Son pouvoir universel et illimité doit nous rassurer dans notre lutte contre le mal et son auteur. C'est pour nous un grand privilège de pouvoir utiliser la puissance qui se cache dans le nom de Jésus, comme une arme redoutable pour nous défendre et repousser Satan et son armée.

Notre Seigneur possède toute autorité dans les cieux, sur la terre et sous la terre pour déléguer à ses serviteurs dans le cadre de sa volonté, le pouvoir d'agir en son nom. Il est aussi notre grand-frère, notre rédempteur et notre justice, Il nous donne aussi accès à Dieu qui redevient notre Père grâce à notre renaissance. Il a promis d'être avec tous ceux et toutes celles qui œuvrent pour faire avancer la cause de son royaume. Il nous donne le pouvoir, dans le cadre de son travail. Il est là aussi pour nous supporter dans les situations difficiles, et nous défendre contre les assauts de l'Ennemi. Pour que tout cela soit possible, nous devons être greffés avec Jésus-Christ, et demeurer dans ce greffe, pour produire des fruits issus du Saint Esprit qui est le greffon. C'est par le Saint Esprit, que Jésus se diffuse en nous. Donc, nous pouvons nous assurer de son soutien infaillible.

Jésus a conféré du pouvoir à ses disciples de tous les temps. Nous comprenons que certaines conditions requièrent, même de façon implicite. Avant de considérer quelqu'un comme un ami et de lui donner procuration pour des transactions importantes, nous voulons être sûrs que notre ami est digne d'une telle confiance. C'est la même chose pour Jésus-Christ. Il nous invite à rester attacher à lui comme les sarments au cep afin de produire du fruit digne de notre Créateur.

4. Jésus met de l'emphase sur l'essentiel

En général, un bon enseignant dans la présentation de son cours, prend soin de mettre de l'emphase sur les sujets qui sont susceptibles de faire partie de son examen. Il agit ainsi pour encourager les étudiants à bien assimiler l'essentiel de son enseignement, et d'être capables de se préparer pour réussir l'examen en rapport avec la formation reçue durant l'apprentissage. Le thème « en vérité » qui vient du mot grec « amên », est un mot emprunté de l'hébreu. Il signifie : vraiment, certainement. Jésus l'utilise dans plusieurs situations pour renforcer la véracité de ses déclarations, et nous prévenir de la certitude de leur accomplissement.

Il en sert dans Mathieu 5:18, pour parler au sujet de la loi; il parle des récompenses pour nos choix judicieux, et des conséquences pour ceux qui ont fait fi de sa parole, (Mathieu 5:26; 5:16; 24:47; Marc 9:41; Luc 12:37). Jésus promet à une femme qui répand du parfum sur sa tête, d'immortaliser son action bienveillante, Mathieu 26:13. Il parle de l'avenir dans le royaume de Dieu, des collecteurs de taxes et des prostituées qui sont réellement repentis, Mathieu 21:31; ce que ses disciples lient sur la terre, sera aussi lié dans le ciel, Mathieu 18:18.

Jésus dit à ses disciples : « Je vous le dis en vérité, un riche entrera difficilement dans le royaume des cieux. Je vous le dis encore, il est plus facile à un chameau de passer par le trou d'une aiguille qu'à un riche d'entrer dans le royaume de Dieu », Mathieu 19:23. Ici, Jésus veut sans doute mettre l'accent sur les problèmes qui viennent avec la richesse. La richesse rend la vie facile, elle confère un certain pouvoir et de privilège en comparaison au reste du peuple. Elle pourrait être mal acquise, au prix de l'exploitation des plus vulnérables. Elle permet d'avoir des courtisans, souvent sans le vouloir. En effet, imaginez vous-même, toutes les facilités

Chapitre 2 La parole de Dieu est puissante

qu'une personne riche peut avoir, parfois sans grand effort. On peut acheter des biens pour se doter d'un environnement paradisiaque, et des services de tout genre. La vie serait si facile qu'on penserait vivre sur un nuage, dans un monde à part. Les nombreux courtisans nous attireront vers des pentes glissantes. Les plaisirs viendront incessamment frapper à nos portes. Nous pourrions dresser une liste plus exhaustive des bienfaits et méfaits éventuels, qui pourraient joncher le chemin d'une personne riche, pour démontrer combien le bien et le mal peuvent s'entrecroiser dans sa vie. Mais, je souhaite que ces brèves idées vous servent d'inspiration; en plus d'observer des modèles dans notre environnement, pour se faire une description plus juste de la vie d'un crésus.

Par opposition à la vie d'un riche, Jésus passe à l'autre extrême. « Car, j'ai eu faim, et vous ne m'avez pas donné à manger; j'ai eu soif, et vous ne m'avez pas donné à boire; j'étais étranger, et vous ne m'avez pas recueilli; j'étais nu, et vous ne m'avez pas vêtu; j'étais malade et en prison, et vous ne m'avez pas visité. Ils répondront aussi : Seigneur, quand t'avons-nous vu ayant faim, ou ayant soif, ou étranger, ou nu, ou malade, ou en prison, et ne t'avons-nous pas assisté? Et il leur répondra : Je vous le dis en vérité, toutes les fois que vous n'avez pas fait ces choses à l'un de ces plus petits, c'est à moi que vous ne les avez pas faites », Matthieu 25:42-45. Nous pouvons remarquer, dans ce texte, que Jésus parle des gens affamés, des assoiffés, des immigrants, des voyageurs, des nécessiteux, des malades, et des prisonniers. Il s'agit d'un large éventail de personnes qui sont vulnérables, à cause de leur état, de leurs situations économiques, sociales, et géographiques. L'histoire démontre que ces personnes représentent les groupes qui sont plus susceptibles d'accepter la grâce et le salut qu'offre le Seigneur. Un voyageur peut être aisé chez lui, mais parce qu'il est étranger dans un pays, il aura besoin d'aide. Pour répondre à cette recommandation de Jésus, nous devons être habités par l'amour agapê. Jésus a pensé d'une façon spéciale à tous ceux qui ont consenti des sacrifices pour le suivre.

« Je vous le dis en vérité, il n'est personne qui, ayant quitté, à cause de moi et à cause de la bonne nouvelle, sa maison, ou ses frères, ou ses sœurs, ou sa mère, ou son père, ou ses enfants, ou ses terres, ne reçoive au centuple, présentement dans ce siècle-ci, des maisons, des frères, des sœurs, des mères, des enfants, et des terres, avec des persécutions, et, dans le siècle à venir, la vie éternelle », Marc 10:29,30. Il nous donne l'assurance qu'il prendra soin de nous si nous prenons la décision de le servir dans des situations précaires. Il pourvoira à tous nos besoins matériels. Il promet de multiplier par cent ce que nous avons délaissé, en plus de nous accorder la vie éternelle. Ces promesses nous rassurent de son soutien inébranlable même dans des situations qui pourraient paraître désespérées à nos yeux.

Il s'est adressé à Nicodème sur un sujet ayant une importance capitale pour notre vie spirituelle : « En vérité, en vérité, je te le dis, si un homme ne naît de nouveau, il ne peut voir le royaume de Dieu. Nicodème lui dit : Comment un homme peut-il naître quand il est vieux? Peut-il rentrer dans le sein de sa mère et naître? Jésus répondit : En vérité, en vérité, je te le dis, si un homme ne naît d'eau et d'Esprit, il ne peut entrer dans le royaume de Dieu. Ce qui est né de la chair est chair, et ce qui est né de l'Esprit est esprit », Jean 3:3-6.

Jésus nous parle de l'importance de ne pas se livrer au péché. Nous avons le devoir de lutter, jusqu'à prendre le dessus avec l'aide du Saint Esprit. En vérité, en vérité, je vous le dis, leur répliqua Jésus, « quiconque se livre au péché est esclave du péché », Jean 8:34. L'Éternel a pour objectif de rompre en nous le pouvoir du péché. C'est le rôle de la mort de l'homme charnel et de la présence du Saint Esprit qui est la vie de Jésus en nous. Paul nous invite à « lutter jusqu'au sang contre le péché », Hébreux 12:4. Il n'était pas obligé de faire précéder ses déclarations par : en vérité, en vérité. Mais, il utilise sans doute un style humain, familier pour ses contemporains, pour nous convaincre de la véracité et de l'importance de ses déclarations et de ses messages.

« Vous m'appelez Maître et Seigneur; et vous dites bien, car je le suis. Si donc je vous ai lavé les pieds, moi, le Seigneur et le Maître, vous devez aussi vous laver les pieds les uns aux autres; car je vous ai donné un exemple, afin que vous fassiez comme je vous ai fait. En vérité, en vérité, je vous le dis, le serviteur n'est pas plus grand que son Seigneur, ni l'Apôtre plus grand que celui qui l'a envoyé. Si vous savez ces choses, vous êtes heureux, pourvu que vous les pratiquiez », Jean 13:13-17. Dans ce texte, Jésus a touché un point très important pour notre vie chrétienne de chaque jour. Dans la bible d'études Semeur, on a fait un commentaire très plausible. Autrefois, il n'y avait pas de belles chaussures protégeant les pieds contre les saletés, les poussières des excréments d'animaux qui jonchaient les rues. Après une marche, les pieds étaient infectés de ce mélange d'éléments salubres. Car, les animaux furent le principal moyen de transport terrestre. Après avoir marché dans les rues infectées et poussiéreuses, par souci d'hygiène, il était coutume que la personne qui vous reçoit, vous lave les pieds ou vous les fait laver par son serviteur. Jésus-Christ avait aussi dit à Pierre, s'il ne le lave pas les pieds, il ne pourra pas accéder à son royaume. Donc, on perçoit ce geste pratiqué et recommandé par Jésus comme un symbole d'humilité et de pardon réciproque, que les croyants doivent pratiquer dans leurs relations quotidiennes, afin de maintenir une harmonie chrétienne à l'image du corps de Christ. Les saletés qui se collaient aux pieds des marcheurs furent comparées aux petites erreurs qui pourraient être à l'origine des situations conflictuelles entre les croyants. À cause de l'importance de cette recommandation, Jésus l'a associée à une bénédiction spirituelle. Il déclare heureux, quiconque comprenne et mette en pratique son exhortation. Il est important de fixer notre attention sur ces textes essentiels qui contiennent des messages salutaires pour notre démarche chrétienne. Les déclarations de Jésus qui sont précédées ou succédées du vocable « En vérité», ne doivent pas passer inaperçus.

5. Son pouvoir sur la maladie et la mort

Elle peut nous guérir de nos maladies psychologiques et physiques. Avant la venue de Jésus, la maladie et la mort régnaient en maître sur la terre. En effet, Jésus est venu renverser la situation, où l'homme était totalement prisonnier de Satan. « Le soir on amena auprès de Jésus plusieurs démoniaques. Il chassa les esprits par sa parole et il guérit les malades, afin que s'accomplît ce qui avait été annoncé par le prophète Ésaïe : Il a pris nos infirmités, et il s'est chargé de nos maladies »; Matthieu 8:16,17. Depuis le moment où le péché commença à exercer son empire sur l'humanité; des hommes et des femmes sont emprisonnés sur le plan spirituel, sous l'emprise du Malin, souvent sans en apercevoir. Dans le but de se protéger contre la mort, ils s'associent à l'instigateur de la mort. C'est comme demander à un lapin de surveiller une carotte pour vous. Il peut résister à la tentation de la manger pendant un certain temps, pour donner l'impression qu'il est crédible. Mais, s'il a faim, il n'hésitera pas à manger la carotte dont la garde lui a été confiée; parce que celle-ci est sa nourriture de prédilection. « Ainsi donc, puisque les enfants participent au sang et à la chair, Jésus a également participé lui-même, afin que, par la mort, il anéantît celui qui a la puissance de la mort, c'est-à-dire le diable, et qu'il délivrât tous ceux qui, par crainte de la mort, étaient toute leur vie retenus dans la servitude, Hébreux 2:14,15 ». Cette nouvelle est merveilleuse. Jésus-Christ notre Sauveur et Seigneur, notre frère, récupère par sa mort et sa résurrection les clefs de la mort et du séjour des morts qui étaient dans les mains de Satan. Ce qui veut dire qu'il détient le pouvoir de donner la vie ou de laisser entrer dans le séjour des morts. « J'étais mort; et voici, je suis vivant aux siècles des siècles. Je tiens les clefs de la mort et du séjour des morts », Apocalypse 1:18. C'est seulement en lui que nous pouvons trouver un refuge sûr.

Jésus a endossé nos malédictions pour nous donner l'autorité et la victoire sur la maladie et la mort. Il détient les clés de la mort et du séjour des morts; c'est pourquoi il a dit que : « la mort ne prévaudra (prédominera) point contre l'église », Apocalypse 1:18; Matthieu 16:18. Il nous reste à placer notre confiance en Jésus, pour jouir de ses multiples bénédictions. La crainte, la peur nous font perdre nos capacités pour vaincre le mal. Nos pensées nous emmènent souvent vers des sentiers irréels pour nous faire vivre notre réalité inventée. Elles affaiblissent nos facultés mentales indispensables pour alimenter et solidifier notre foi. Norman V. Peale, dans son livre: « La puissance de la pensée positive », rapporte l'histoire d'un « homme qui avait une tumeur osseuse incurable, selon son médecin. Cet homme était démoli après avoir eu connaissance de son état de santé. Il fréquentait l'église, mais n'était pas religieux, a-t-il dit. Il lisait rarement la bible. Tandis qu'il fut alité, pour la première fois qu'il a demandé à sa femme de lui apporter une bible, celle-ci lui apporta la bible avec étonnement. Il commençait à la lire progressivement, pour trouver consolation et réconfort. De plus en plus qu'il lisait, son enflure diminuait. Un jour, au cours d'une lecture, il éprouvait une curieuse sensation de chaleur et de bien-être intérieur indescriptible. À partir de cet événement, sa guérison s'est accélérée. Comme son amélioration fut évidente, il a été voir son médecin qui a constaté avec stupéfaction sa guérison ». Donc, Il fut guéri grâce à sa foi, sa persévérance dans la lecture de la bible à travers laquelle la puissance de Dieu se dégage. La puissance de Dieu est disponible pour tous ceux qui croient en lui. « Voici les miracles qui accompagneront ceux qui auront cru: en mon nom, ils chasseront les démons; ils parleront de nouvelles langues; ils saisiront des serpents; s'ils boivent quelque breuvage mortel, il ne leur feront point de mal; ils imposeront les mains aux malades, et les malades, seront guéris, Marc 16:17,18 ». Le croyant pour accomplir l'œuvre du Seigneur efficacement, doit être investi de la puissance du Saint Esprit. Il faut aussi qu'il bannisse dans sa vie tous les comportements qui sont susceptibles d'attrister le Saint Esprit et le maintenir à l'écart.

Chapitre 2   La parole de Dieu est puissante

Par la foi, nous pouvons faire dans notre esprit la démonstration réelle des promesses de notre Seigneur et Sauveur, Jésus-Christ. C'est à ce moment que la puissance divine se mettra à l'œuvre pour exécuter sa volonté. « Croyons que nous avons reçu la chose demandée, et nous le verrons s'accomplir », a dit Jésus; Marc 11:24. La parole de Dieu nous dit que nous sommes des enfants de Dieu et cohéritiers de Christ. Notre rôle, c'est de nous comporter comme des enfants de Dieu sans nous préoccuper de notre première nature d'Adam. Quand nous demandons à Dieu par la prière de nous accorder le Saint Esprit, pour bénéficier de son œuvre, il faudrait que par la foi, nous commencions à faire la démonstration d'être des enfants de Dieu. La foi c'est une démonstration mentale des choses que l'on espère. Le doute et la négation peuvent empêcher le Saint Esprit de faire son travail de transformation dans nos vies. Si nous nous mettons à nous convaincre que nous sommes des pécheurs, et Adam est notre père; il nous sera très difficile d'acquérir la nouvelle nature de Christ que le Saint Esprit a pour mission d'implanter progressivement en nous. Dans Romains, chapitre 6 verset 11, l'Apôtre nous demande : « à nous regarder comme. » Le sixième chapitre des lettres aux Éphésiens 6:17, présente « la parole comme étant l'épée du Saint Esprit ». Alors, il faut que nous ayons confiance en sa parole qui est l'expression de sa volonté, pour que Dieu accomplisse ses promesses envers nous. La parole de Dieu est puissante, la foi dont nous faisons preuve permet à Dieu de mettre en action sa puissance. Nous avons une grande part de responsabilité si la volonté de Dieu n'est pas faite sur la terre comme elle est faite dans le ciel.

> *Si nous nous mettons à nous convaincre que nous sommes des pécheurs, et Adam est notre père; il nous sera très difficile d'acquérir la nouvelle nature de Christ que le Saint Esprit a pour mission d'implanter progressivement en nous.*

Chapitre 3
Les prophéties, une signature divine

1. Des prophéties remarquables Daniel 2, 4, et 5

Il n'existe personne d'autre que le Dieu Créateur qui peut prédire l'avenir, dans toutes les circonstances, avec une précision sans faille. Il n'y a personne d'autre que Lui qui connaît les secrets du cœur de l'homme. Dans Daniel 2, tous les magiciens et les astrologues disaient au roi que c'était impossible de savoir ce qu'il a vu dans sa vision, pourtant le Dieu, Créateur, l'a révélé aisément à son serviteur Daniel. Et ces exemples abondent dans la bible, et nos expériences quotidiennes en témoignent aussi. Combien de fois Dieu nous a avertis sur des événements qui vont arriver dans nos vies? Il connaît dans les moindres détails, tout ce qui va arriver dans la vie de chacun.

La prophétie de Daniel deux explique le déroulement de l'histoire du monde depuis l'année 605 avant Jésus-Christ, jusqu'au retour de Christ. Les quatre parties de la statue correspondaient aux différents royaumes que nous allons citer plus bas. Nous indiquerons des dates approximatives dans la prophétie de Daniel 2 pour faciliter la compréhension des lecteurs qui ont une connaissance sommaire de la bible. Il se pourrait que ces dates varient légèrement, selon la version biblique utilisée. L'empire babylonien

Chapitre 3 Les prophéties, une signature divine   43

régnait vers 605 avant Jésus-Christ; vers 539 avant Jésus, l'empire des Mèdes et des Perses s'empara de Babylone avec le roi Cyrus à la tête. Vers 333 ce fut la Grèce avec Alexandre le Grand comme roi qui est devenu l'empire dominant. Vers l'année 63 av. J. C., Rome a pris la commande comme nouveau empire. Le début du ministère de Jésus se situe vers l'an 27. Vers l'an 30, a eu lieu sa crucifixion, son ascension, la Pentecôte et le début de l'église chrétienne. C'est Jésus qui a dit : « ...le royaume de Dieu est donc venu vers vous », Matthieu 12:28.

Le fait que les différents pays conquérants qui correspondent aux différentes parties de la statue géante révélée et expliquée par Dieu, se sont succédés telle qu'indiquée dans la vision; cela confirme la prescience de Dieu et l'exactitude de ses prédictions.

Cette prophétie est remarquable, parce qu'elle couvre une grande partie de l'histoire de ce monde. Le chapitre quatre de Daniel, présente la prophétie où le roi Nebucadnezar, à cause de son orgueil devait, passer sept ans dans la forêt à vivre avec les animaux. Une fois encore, cette prophétie a été réalisée avec précision. Nebucadnezar fut chassé du milieu des hommes pour aller vivre avec les bêtes sauvages pendant une durée de sept ans. Au bout de cette période, il confessa la suprématie et l'autorité du Dieu Créateur, et sa royauté lui était rendue. Ces événements inscrits dans la bible prouvent qu'elle porte la signature de l'Esprit de Dieu. Au chapitre suivant, nous reviendrons sur une facette importante de cette prophétie.

2. La justesse prophétique de la parole de Dieu

Le plan du salut a été longtemps annoncé, depuis la chute de l'homme. Le Seigneur l'a annoncé en tuant un agneau pour recouvrir de sa peau, la nudité d'Adam et d'Ève. D'autres déclarations prophétiques allaient confirmer la volonté de Dieu de rétablir l'homme, par la venue d'un Sauveur. Il a promis de mettre de l'hostilité entre la descendance de la femme et la descendance de Satan, Genèse 3:15. On dénombre dans l'Ancien Testament, un grand nombre de prophéties concernant la vie, la mort et la résurrection de Jésus. L'accomplissement de ces prophéties représente une démonstration évidente de la justesse de la parole de Dieu et du travail cohérent du Saint-Esprit, dans la bible. Aucun humain ne peut prédire l'avenir avec autant d'exactitude, souvent pendant plusieurs siècles à l'avance. Il s'agit d'une simple formalité pour le Dieu Créateur.

> *L'accomplissement de ces prophéties représente une démonstration évidente de la justesse de la parole de Dieu et du travail cohérent du Saint-Esprit, dans la bible.*

Dans Ésaïe 40:3, il y a une prédiction concernant Jean-Baptiste; son accomplissement est décrit dans Mathieu 3:1-2. Une autre prophétie sur Jésus fut annoncée dans Zacharie 9:9, son accomplissement se retrouve dans Luc 19:35-37. Une prophétie de Michée 5:1, sera réalisée dans Mathieu 2:1. Une autre prédiction sur Juda Zacharie 11:12, se réalise dans Mathieu 26:15. Une annonce dans Ésaïe 53:9, se réalise dans Matthieu 27:57-60. On termine avec Psaume 22:19 et Jean 19:23,24. En dépit de la méfiance de certaines personnes, il est évident que la bible est l'œuvre du Saint Esprit, et contient tout ce qui est essentiel pour nous conduire sur la voie du salut et de l'éternité.

3. Dieu a limité la durée de vie humaine par la parole

L'Éternel déclara dans Genèse 6 verset 3: « mon esprit ne restera pas toujours dans l'homme, car l'homme n'est que chair, et ses jours seront de cent vingts ans » (bible Louis Segond). La version Semeur traduit ce texte ainsi: « Mon esprit ne va pas lutter indéfiniment avec les hommes, à cause de leurs fautes. Ce sont des êtres dominés par leurs faiblesses. Je leur donne encore cent vingts ans à vivre ». Il y a une chose qui est commune entre ces deux versions, Dieu a pris une décision parce que l'homme est trop charnel. Il nous reste deux autres questions à élucider; s'agit-il ici du Saint-Esprit ou de l'esprit de l'homme? Le deuxième point concerne les cent vingts ans, s'agit-il d'un temps de grâce qui commençait au moment de cette déclaration divine jusqu'au déluge? Dieu voulait-il fixer ou réduire l'âge de l'homme à cent vingts ans? Nous allons vérifier les faits, pour essayer d'y répondre. Dans Genèse cinq verset trente-deux, Noé fut âgé de cinq cents ans, et le déluge est annoncé dans genèse 6, à partir du verset huit. Genèse sept, verset six rapporte que Noé avait six cents ans au moment du déluge. Au verset 11, Noé avait encore 600 ans, durant le déluge. Le premier mois, le premier jour, la surface de la terre avait séché,

Noé avait 601 ans; Genèse 8:13. Ce qui veut dire que cent un ans se sont écoulés, de l'annonce du déluge jusqu'à sa fin. Donc, il semble que les cent vingt ans ne correspondent pas à un temps de grâce aboutissant au déluge. La deuxième possibilité serait de faire correspondre ce nombre à la limite d'âge qu'un homme peut atteindre.

Après la création, les hommes vivaient longtemps; on pourrait même dire très longtemps, par rapport à aujourd'hui. Metuschélah a vécu 969 ans, Genèse 5:27. Noé a vécu 950 ans, Genèse 9:29. Térach, père d'Abram, a vécu 250 ans, Genèse 11:32. Sara, l'épouse d'Abraham, a vécu 127 ans, Genèse 23: 1. Abraham a vécu 175 ans, Genèse 25:7. Ismaël a vécu 130 ans, Genèse 25: 17. Isaac a vécu 180 ans, Genèse 35: 28. Jacob a vécu 147 ans, Genèse 47: 28. Joseph a vécu 110, Genèse 50: 22. On a remarqué qu'à partir de la déclaration de Dieu pour fixer l'âge de l'homme à cent vingts ans, la durée de vie humaine commence à régresser pour se stabiliser autour de cent vingts ans. Cette interprétation littérale du texte parait plausible. Car, elle semble plus cohérente avec les faits mentionnés ci-dessus.

Le verset neuf d'Ecclésiaste 12, concorde avec l'idée de la limite de l'âge de l'homme. Ce texte nous dit : « avant que la poussière retourne à la terre, comme elle y était, et que l'esprit retourne à Dieu qui l'a donné ». Donc, à la mort, Dieu reprit l'esprit qu'il avait mis dans l'homme. De plus, dans l'Ancien Testament, il n'est pas dit que l'Éternel avait donné le Saint-Esprit à chaque personne de son peuple. Par contre, le Saint-Esprit était donné à des personnes telles que: les rois, les juges, les prophètes, les dirigeants qui avaient des tâches spécifiques à accomplir. Le Saint Esprit devient disponible pour tous les croyants qu'à partir de la Pentecôte. De plus, l'état de dépravation, dans lequel l'homme se trouvait, tel que décrit dans Genèse six, sous-entend que le Saint-Esprit ne pouvait pas demeurer en lui. Il parait évident que le texte fait allusion à l'esprit de l'homme qui retourne à Dieu, au moment de sa mort, à la fin de sa vie qui était fixée autour de 120 ans.

4. Quand Dieu dit...

Ce sujet ne faisait pas partie de la table des matières préétablie du livre. Une circonstance m'a contraint de l'y introduire. J'espère qu'il vous plaira. Il est le fruit d'un entretien que j'ai eu avec une sœur militante pendant la rédaction du livre. Se questionnant sur ce que devrait être la vie normale d'un chrétien, nous passons en revue certaines déclarations importantes consignées dans les écritures sacrées. Nous croyons que dans le contexte d'aujourd'hui où beaucoup de signes précurseurs du retour de Jésus-Christ se multiplient et se succèdent les uns après les autres, le croyant est appelé à scruter ses habitudes, ses pratiques chrétiennes, par rapport à la parole de Dieu, pour continuer à garder la tête hors de l'eau. Des croyants se sentent de plus en plus interpeller par l'aspect routinier des nouvelles insolites qui font partie de notre quotidien. Les possibilités de surveillance, de contrôle, et de communications sont sans limite; à cause du développement fulgurant de la technologie numérique et informatique. Certaines nouvelles surprenantes lues ou entendues dévoilent parfois des pratiques qui ravalent l'homme et ternissent en lui l'image de son Créateur. La question qui nous revient sans cesse, serait : Que devons-nous faire, ou que pouvons-nous faire davantage, pour répondre aux exigences divines selon qu'elles sont prescrites dans sa parole? Nous vivons à une époque où l'on a tendance à adapter les exigences spirituelles à un standard qui ne tient pas compte des capacités réelles que la nature de Christ nous a communiquées. Tandis que les chrétiens sont unanimes sur le fait que le retour de Jésus est proche. Il nous serait profitable de réfléchir, méditer sur ce qu'est la réalité de notre vie chrétienne, et sur ce qu'elle devrait être réellement. La bible, notamment Matthieu 24, contient des signes annonciateurs du retour de Christ. Un simple coup d'œil autour de nous suffit pour comprendre que nous sommes presqu'à la ligne d'arrivée de cette course chrétienne. Le camp de l'Ennemi se prépare ardemment pour le sprint final. Si nous avions mal commencé la course; si nous avons accumulé des secondes de retard pendant le trajet; c'est le temps de se rattraper, par une bonne fin de course. Il nous faut tenir compte qu'un temps d'entraînement et d'assimilation est nécessaire pour produire une bonne performance dans une course où l'adversaire est redoutable.

Après plus de quatre cents ans passé en Égypte, l'Éternel, pour délivrer son peuple de l'esclavage et le conduire en Canaan; avait choisi Moïse comme médiateur. Mais après tout ce temps passé dans un pays étranger, le Seigneur voulait

> *On a tendance à adapter les exigences spirituelles à un standard qui ne tient pas compte des capacités réelles que la nature de Christ nous a communiquées.*

Chapitre 3   Les prophéties, une signature divine

que le peuple reste quelques années dans le désert, loin de l'influence des autres nations païennes, pour le rééduquer conformément à sa volonté, avant qu'il puisse entrer dans la terre promise. Contrairement à ce qu'on aurait pu penser, ce fut une expérience difficile pour le peuple, ainsi que Moïse. Malgré les propos élogieux de Dieu à l'égard de Moïse, ce dernier fut disqualifié pour entrer en Canaan, à la suite d'une erreur causée par l'intransigeance du peuple. Nombre 12:4 « Moïse était un homme très humble, plus que tout autre homme sur la terre ». Nombre 20:11,12; « Moïse leva la main et frappa le rocher deux fois avec sa verge. Il sortit de l'eau en abondance. Alors, l'Éternel dit à Moïse et à Aaron: parce que vous n'avez pas cru en moi, pour me sanctifier aux yeux des enfants d'Israël, vous ne ferez point entrer cette assemblée dans le pays que je lui donne ». L'Éternel n'avait pas abandonné ses serviteurs, mais cette erreur causée par la colère du peuple a eu une conséquence irréversible. Selon l'ordre divin, Moïse devait simplement parler au rocher. Il est vrai que Dieu avait des exigences spirituelles élevées pour Moïse qui avait la noble tâche de diriger son peuple, mais nous aurions cru, dans notre vision chrétienne d'aujourd'hui, que l'Éternel serait réagi avec plus de complaisance.

Depuis la première venue de Jésus-Christ, nous vivons sous le règne de la grâce, dit-on, dans le royaume spirituel de Dieu, en attendant le retour de Christ pour matérialiser l'établissement de son royaume. Depuis le temps moderne, le règne de droit et de liberté s'installent progressivement dans les différents États du monde. Imaginons un instant Moïse dans le monde d'aujourd'hui, il serait condamné et jeté en prison parce qu'il avait lancé les deux tables de pierre sur les gens qui festoyaient devant le veau d'or, (Exode 32). Étant donné qu'il y avait des morts et des blessés, il serait condamné pour meurtre, et méfaits graves. Jésus aurait dit : pardonne-les, demande-les de ne plus continuer à pratiquer de l'idolâtrie. J'imagine du temps de Moïse, les gens vivaient dans la peur, la peur de se faire lapider pour une faute commise. Donc, Dieu est amour comme il est souverain. Dans le processus de l'étalement du plan du salut, Il juge que nous sommes arrivés au moment où notre libre choix doit primer sur la contrainte et la peur. Après avoir prodigué une solide éducation à nos enfants, ils auront la liberté de faire des choix éclairés et responsables en lien avec éducation reçue. Ainsi, son régime de grâce nous procure plus de paix et de liberté; et nous nous réjouissons. Par contre, il met à l'épreuve notre bonne volonté, et notre capacité à faire le bon choix. C'est pourquoi, Jésus nous invite d'entrer volontairement par la porte étroite. « Entrez par la porte étroite, car, large est la porte, spacieux est le chemin qui mènent à la perdition, et il y en a beaucoup qui entrent par là. Mais étroite est la porte, resserré le chemin qui mènent à la vie, et il y en a peu qui les trouvent », Matthieu 7:13,14.

J'ai un fils de dix ans. Il aime beaucoup regarder ses émissions à la télévision. Il a tendance à négliger ses travaux scolaires pour regarder la télé. Étant donné qu'il est encore un enfant, je peux comme parent et précepteur le ramener à la tâche. En tant qu'adulte, je suis moins avantageux que lui, parce que je n'ai pas un précepteur humain qui peut intervenir directement auprès de moi, pour me ramener à l'ordre. Si j'aime une chose qui pourrait nuire à ma relation avec Dieu, je serai libre de la choisir. Nous devons nous rappeler que Dieu ne change pas. Il nous aime de la même façon qu'il a aimé le peuple Israël. Il n'existe pas dans la bible l'exemple d'un autre homme qui a pu développer une relation plus étroite avec Dieu que Moïse. Son amitié avec Dieu était si intense qu'il a voulu voir la face de Dieu. Il a eu la faveur de Dieu; grâce à son intercession, l'Éternel a changé sa décision au moins à deux reprises. Malgré tout, il n'a pas eu un traitement de faveur, parce qu'il a commis l'erreur de frapper le rocher, contrairement à l'ordre que Dieu avait donné dans le désert. Il n'a pas eu une autre possibilité pour se reprendre. Le privilège d'entrer en Canaan l'a échappé. Aujourd'hui, il nous reste l'option de compter sur la bonne volonté de chacun; et surtout, sur l'autorité de la parole de l'Éternel qui seul peut convaincre.

Une action qui se répète, devient naturelle après un certain temps. Elle devient comme une loi naturelle, parce que dit-on, l'habitude est une seconde nature. En général, c'est comme ça que l'on fait, pourrait-on dire. Si un jour quelqu'un dit, qu'autrefois c'était pas ainsi que l'on faisait, il sera vu comme démodé. Quand cela arrive, pour éviter d'être différent, on se conforme. C'est le conformisme. Chacun de nous a la responsabilité de chercher à connaître la volonté de Dieu. « Lorsque quelqu'un péchera en faisant, sans le savoir, des choses qui ne doivent point se faire, il se rendra coupable et sera chargé de sa faute »; Lévitique 5:17. L'Éternel ne va pas baisser ses critères d'évaluation, ni l'adapter, comme dans un examen où la note de passage varie selon la moyenne de la classe. Nous devons nous rappeler que Jésus lui-même, dans Matthieu 24:37,38, a dit que « ce qui était arrivé lors du déluge, arrivera lors de l'avènement du Fils de l'homme ». Il est vrai que le monde n'était pas aussi peuplé comme aujourd'hui,

Chapitre 3 Les prophéties, une signature divine

mais quand nous imaginons que c'étaient seulement huit personnes dans une seule famille qui furent entrées dans l'arche; nous pouvons conclure que dans les démarches spirituelles, la vérité se retrouve rarement du côté de la majorité. D'autre part, le fait que nous ayons une révélation plus complète que les gens qui vivaient dans l'Ancien Testament, nous serons jugés différemment. Nous serons jugés par rapport à l'éducation et la révélation reçues. « Je vous le dis, en vérité: au jour du jugement, le pays de Sodome et de Gomorrhe sera traité moins rigoureusement que cette ville là », Matthieu 10:15 Il s'agit ici de n'importe quelle ville où l'on ne reçoit pas les disciples de Jésus-Christ.

Je me souviens d'un prédicateur qui dans son message avait présenté une illustration, pour démontrer que la vérité se présente toujours toute nue, c'est-à-dire, sans voile. Des études systématiques de la bible, seraient très bénéfiques pour le développement spirituel des croyants. Nous ne pouvons pas nier la puissance qui est consignée dans la parole de Dieu. Elle se libère au profit de quiconque s'applique à la lire. Je crois que le but de chaque chrétien c'est de voir un jour Jésus-Christ face à face, et obtenir la couronne éternelle. La bible est comme un vaste champ avec des plaines, des collines, des montagnes, des rivières, des pentes abruptes, des pentes simples, des vallées. Il faut y mettre du temps, pour s'appliquer à l'explorer avec l'aide du Saint Esprit. Sinon, quelqu'un pourrait facilement vous faire croire que : c'est seulement une grande plaine, une vallée, un oasis, etc. Nous présentons l'amour de Dieu dans le premier chapitre du livre. Il ne fait pas de doute, Dieu est amour et il nous aime. Mais, nous devons aussi comprendre que son amour n'est pas aveugle. Quel père qui aime son enfant et qui le laissera tomber dans un trou sans le réprimander et l'avertir que son chemin est dangereux. Dans Jérémie au chapitre 18:8-10, l'Éternel parla à son peuple en ces mots : « S'il revient de leur méchanceté, Il (Dieu) se repent du mal qu'il avait pensé lui faire. Mais, si le peuple fait du mal à ses yeux, il se repent du bien qu'il avait eu l'intention de lui faire ». Notre attitude influence les décisions divines.

Jésus disait aux douze disciples qu'il avait encore beaucoup de choses à leur enseigner que le consolateur s'en chargera de poursuivre. Ce qui voudrait dire que ces derniers n'avaient pas la maturité nécessaire pour assimiler ces nouveaux enseignements. Nous pouvons déduire aussi que les disciples avaient une révélation incomplète. Ce qui sous-entend qu'il y aurait d'autres révélations importantes dans les écrits des apôtres après son ascension. C'est pourquoi les écrits des Apôtres méritent toute notre attention, voir aussi Hébreux 12:4-8.

En effet, nous reconnaissons l'impopularité de certains textes que nous utilisons dans cette section; par contre, ils révèlent des vérités incontournables concernant notre salut. Jésus nous aime, ces vérités ont pour but d'éveiller notre conscience. La parole de Dieu a cette capacité de nous déranger pour nous corriger, en vue de la vie éternelle. Le but principal de l'église c'est de nous conduire à Christ, de reproduire l'image de Christ en nous, en vue de l'obtention de la couronne éternelle. Si l'aspect social est important pour conduire des gens à Christ et entretenir la fraternité dans la communauté, une fois qu'ils s'engagent dans la voie du Seigneur, l'aspect spirituel devrait prendre le dessus. J'espère que cette rubrique, « Quand Dieu dit... », invite les lecteurs de cet ouvrage dont moi le premier, à réfléchir davantage sur l'état de nos démarches chrétiennes.

Chapitre 4
La révélation divine

    Le Dieu Créateur se révèle à nous et nous parle au moyen la bible écrite durant plusieurs siècles sous l'inspiration du Saint-Esprit, par des auteurs vivant à des générations différentes et dotés de niveaux d'éducation variés. Leur unité d'esprit vient du fait qu'ils ont été tous à l'école du plus grand instructeur de l'univers, le Saint Esprit. Les écrits des uns perfectionnent, confirment ceux des autres pour permettre aux révélations divines d'être plus explicites. C'est pourquoi, les réponses aux interrogations que peuvent susciter les écritures sacrées, se retrouvent encore en elles-mêmes. L'empreinte du Saint-Esprit fait de la bible un livre spécial, parce que le véritable auteur c'est Dieu. Elle nous dévoile dès ses premières pages, une révélation divine (sur le plan du salut) qui se développe, se précise, se réaffirme, au fil du temps jusqu'à ce que la réalisation soit complétée, Genèse 3:15.

    « Les perfections invisibles de Dieu, sa puissance éternelle et sa divinité se voient comme à l'œil, depuis la création du monde, quand on les considère dans ses ouvrages. Ils sont donc inexcusables », Romains 1:20 (le Saint Esprit.) En plus de tous les prodiges divins, et les diverses apparitions angéliques relatés dans la bible, le Dieu Créateur se révèle dans la nature, dans la complexité et la précision des lois qui régissent l'univers. Il se révèle dans la complexité et la perfection de l'anatomie humaine. Il se révèle par son nom en relation avec un aspect de son caractère dans un contexte donné. Il s'est surtout révélé par sa parole, dans les prophéties, où Il exprime sa volonté et déploie le plan du salut pour la sauvegarde de l'humanité. « La bible révèle la vérité avec une telle simplicité et une adaptation si parfaite aux besoins et aux aspirations du cœur humain qu'elle fait le charme et l'étonnement des esprits les plus transcendants. D'autre part, elle met les humbles et les illettrés à même de comprendre le chemin du salut. Et pourtant, ces vérités si simplement exprimées traitent des sujets si élevés, si profonds, et tellement inaccessibles aux facultés humaines, que nous ne pouvons les accepter que parce que c'est Dieu qui a parlé. Ainsi, le plan du salut nous est révélé de telle manière que chacun peut voir la marche à suivre dans la repentance envers Dieu, et la foi en notre Seigneur Jésus-Christ, afin d'être sauvé comme Dieu l'a voulu », Vers Jésus, p.107.

Il se révèle par ses différentes appellations en relation... « Après avoir autrefois, à plusieurs reprises et de plusieurs manières, parlé à nos pères par les prophètes, Dieu, dans ces derniers temps, nous a parlé par le Fils, qu'il a établi héritier de toutes choses, par lequel il a aussi créé le monde », Hébreux 1:1,2. Ces versets rapportent effectivement que Dieu se révèle à ses enfants, à plusieurs reprises (à répétitions) et de plusieurs manières (de diverses façons) dans l'Ancien Testament, pour se révéler ensuite au moyen de Jésus-Christ qui est la révélation suprême. Ce texte sous-entend bien que le plan de la rédemption ne se présente pas à nous une fois pour toutes. Notre Père céleste nous présente ce plan de façon graduelle, en lien avec notre évolution spirituelle et la lumière jusque là dévoilée.

2. La révélation de Dieu est graduelle

Après la descente de l'homme dans le bas fond de l'abîme du péché, l'Éternel a utilisé des méthodes simples et familières, pour le rééduquer à travers les âges; dans le but de le réhabiliter. Il s'est servi des images concrètes pour nous préparer à comprendre des réalités plus abstraites qu'il comptait inclure dans notre éducation en rapport avec le plan de la rédemption. Il s'est révélé, non seulement, de façon concrète (sous la forme d'homme et d'Anges) pour signifier son existence; mais aussi pour nous aider à découvrir des facettes importantes concernant le plan du salut. Dans l'Ancien Testament, Il a utilisé le Saint-Esprit dans des

Chapitre 4   La révélation divine

situation spécifiques pour mener à bien son plan. Nous pouvons tous être d'accord sur un fait, une rencontre avec l'Ange du Seigneur est une expérience spirituelle intense et d'une valeur inouïe. Après une telle rencontre, on ne sera plus jamais comme avant, elle permettra au croyant d'avancer de plusieurs échelons vers l'avant dans sa course chrétienne. C'est pourquoi ces apparitions qui furent une forme de révélation divine, étaient si fréquentes dans l'Ancien Testament. Elles avaient pour but de former, de transformer, d'éduquer, de fortifier, l'homme sur le plan spirituel. De la même manière que Dieu, selon son élection souveraine, avait choisi le peuple Israël; Il a choisi Moïse pour diriger ce peuple. Il est important de noter qu'Il avait donné au peuple élu, selon les écritures, la mission de le faire connaître à tous les autres peuples de la terre. Donc, la première venue de Jésus, l'effusion du Saint Esprit, les écrits des Apôtres, complètent la révélation du plan du salut qui a pour but de nous conduire à la vie éternelle.

À cette époque, on dirait que l'homme n'avait pas la capacité de se conformer aux directives divines, malgré les apparitions répétées des Anges de Dieu, et sa présence manifeste auprès du peuple, celui-ci ne cessait pas d'enfreindre l'alliance conclue avec son Créateur. « La mort a régné depuis Adam jusqu'à Moïse, même sur ceux qui n'avaient pas commis une transgression semblable à celle d'Adam, Romains 5:14 ». L'Apôtre veut nous dire dans ce texte qu'avant Moïse, le sacrifice pour les péchés n'était pas encore institué, parce qu'il n'y avait pas encore une pratique structurée de sacrifice d'animaux pour le pardon des péchés du peuple. Alors, tout le monde était accroupi sous l'empire du péché. Dans l'étalement du plan de la rédemption qui doit nous amener dans l'éternité, notre Dieu a utilisé Moïse au temps des patriarches, pour sortir son peuple en Égypte (système du monde) et l'amener en Canaan. Moïse a passé par des étapes éducatives subséquentes, afin d'atteindre la maturité spirituelle nécessaire pour accomplir sa tâche. Il a été élevé dans la maison de Pharaon. Il a traversé le désert pour échapper à la colère des Égyptiens après avoir pris la défense d'un esclave hébreu. Il a fait l'expérience du buisson ardent, il a été en Égypte devant Pharaon comme un instrument de Dieu pour délivrer son peuple. À ce moment, Dieu l'avait promis d'être avec sa bouche. Il a pu parler à Dieu régulièrement, de façon instantanée. Il a passé quarante jours et quarante nuits sur le mont Sinaï, en présence du Seigneur pour l'obtention des tables de la loi. Le texte rapporte qu'à son retour, la gloire de Dieu rayonnait sur son visage. Sur le plan spirituel, la gloire de Dieu ne reflète pas seulement sur l'apparence physique de la personne, mais influence aussi son attitude. S'il arrive que le Saint-Esprit prend possession de la vie d'un croyant, il ne le fait pas sans produire une transformation intérieure, voir Exode 32 et 33.

3. L'éducation graduelle par la consécration

Nous devons comprendre que notre Père céleste, pour nous éduquer, utilise la même technique que nous utilisons, pour éduquer nos enfants. À la maison comme à l'école, nous sommes obligés de tenir compte de l'âge de nos enfants, par rapport à l'éducation que nous leur prodiguons; sinon, nous perdons notre temps. Dans les classes inférieures du niveau élémentaire, on associe souvent les leçons à des images pour les rendre plus concrètes et faciliter la compréhension. D'autre part, si nous présentons une leçon de cinquième année à un enfant de première année, ce dernier ne pourra pas la comprendre, parce qu'il y a des étapes intermédiaires à franchir entre ces deux niveaux. La situation inverse créerait une autre difficulté. Si l'enfant est à un niveau trop avancé, pour la leçon qu'on lui présente, il serait désintéressé. Donc, la situation idéale, serait que l'enfant progresse au même rythme que l'instruction inculquée par le père, la mère, ou son enseignant. Dans tous les systèmes éducatifs, on remarque qu'il y a des étudiants qui avancent plus vite que d'autres. Nous pourrions nous questionner sur les raisons qui facilitent la progression rapide de certains, et pourquoi d'autres tardent à avancer. Nous savons que le temps qu'on y met à étudier, la volonté d'appliquer les conseils de l'instructeur peuvent faire la différence. Le but de cet exercice c'est de nous encourager à nous engager sur le sentier de la réflexion.

Dieu avait pris deux engagements avec ses enfants, en concluant deux alliances. Si nous nous demandons, pourquoi Dieu a conclu une première alliance dans l'Ancien Testament, et ensuite une deuxième alliance dans le Nouveau Testament avec ses enfants? Devons-nous croire que Dieu a commis une erreur, puis s'est-il repris? Nous savons que notre Dieu est infaillible; ce qui nous amène à penser que dans sa grandeur et son amour incommensurable il voulait nous donner la deuxième alliance. Mais, au moment où il avait donné la première alliance, l'homme dans son cheminement spirituel n'était pas encore prêt à recevoir la deuxième. De plus, certaines conditions essentiels à l'application de la nouvelle alliance n'étaient pas encore réalisées, il a utilisé la première comme une étape préparatoire, Exode 19:3-8 et Hébreux 8:6-13. Dans la première alliance, il a donné les dix commandements et promet de faire de son peuple un royaume de sacrificateurs. Dans la deuxième alliance, Il promet d'écrire sa loi dans les cœurs de ses enfants. Nous allons vérifier le processus de réalisation de ces promesses, ces faits démontreront s'il est vrai que la révélation divine est graduelle.

La promesse liée à la première alliance n'a pas pu se réaliser à l'époque de l'Ancien Testament. C'est seulement la lignée d'Aaron qui a été choisie pour être des sacrificateurs. Mais, pour comprendre le fond de cette promesse divine, nous devons savoir qui était un sacrificateur, quel était son rôle ou sa fonction? Le mot sacrificateur vient de deux mots grecs (hiéréus, de hiéros) qui signifie saint. Ce qui voudrait dire que celui qui devrait exercer la fonction de sacrificateur devrait mener une vie de sanctification. Il était un médiateur entre Dieu et le peuple. C'était une figure de Jésus-Christ. Il devait présenter des sacrifices pour les péchés du peuple. Allons voir le rituel de consécration des sacrificateurs, pour comprendre mieux le vœu de Dieu de faire de son peuple un royaume de sacrificateurs. D'après Lévitique chapitre 8, il s'agit surtout d'un rituel de sanctification et de consécration. Selon les prescriptions de l'Éternel, Moïse a commencé par laver Aaron et ses fils, les revêtir de leurs habits sacerdotaux. Ces habits étaient confectionnés selon les directives divines; de plus il est rapporté dans le livre Exode que les couturiers furent animés du Saint-Esprit qui les guidait à respecter ces prescriptions. Le fait de porter des habits fournis par Dieu revêt une signification particulière. Dans Apocalypse 3: 4,18, l'Éternel a offert à ses enfants, des habits blancs qui symbolisent sa justice. Nous présumons qu'ils contribuent au processus de sanctification des prêtres. Ils représentaient aussi la gloire de Dieu.

Il y avait une place sur l'éphod où les noms des douze tribus d'Israël étaient inscrits, Exode 28:12. Ce qui veut dire qu'à chaque fois que le prêtre entrait dans le Lieu Très Saint, il portait avec lui les enfants d'Israël. Cette responsabilité allait être transférée à Jésus-Christ au moment où Il a commencé son ministère de Souverain Sacrificateur dans le sanctuaire céleste, (la prophétie de 2300 soirs et matins de Daniel 9). Jésus nous a portés en son sein, dans le sanctuaire céleste : « Dieu nous a ressuscités ensemble, et nous a fait asseoir ensemble dans les lieux célestes, en Jésus-Christ », Éphésiens 2:6. Une autre chose très significative, le prêtre avait un diadème sacré qu'il portait sur son front, sur ce diadème était inscrit: « Sainteté à l'Éternel », Exode 39:30. Il faut noter que la cérémonie de consécration d'Aaron et de ses fils se faisait dans la Tente d'Assignation construite sous la dictée de l'Éternel. Moïse devait égorger un taureau dont le sang se servait à purifier la Tente. Il tua ensuite un bélier pour le pardon des péchés d'Aaron et de ses fils. Un second bélier fut tué pour la consécration et l'investiture proprement dites. Moïse a appliqué le sang de ce second bélier sur le lobe de l'oreille droite d'Aaron, sur le pouce de sa main droite et sur le gros orteil de son pied droit. Moïse a fait la même chose pour les fils d'Aaron. Ce rituel de consécration, est une ordonnance de Dieu à une obéissance totale. L'oreille pour écouter, la main pour travailler, les pieds pour marcher, sont consacrés à l'Éternel. Je voulais dire que toutes les personnes qui sont consacrées doivent y penser sérieusement, mais selon la nouvelle alliance, tous les croyants sont supposés être consacrés à Dieu par le sang de Jésus-Christ, Romains 12:1; 1Corinthiens 7:23; Romains 6:22.

Pour construire le sanctuaire terrestre, Dieu avait permis à Moïse de visualiser le modèle qui est dans le ciel, Exode 25:8,9. Il est important de comprendre que ce sanctuaire était nécessaire pour présenter les offrandes de sacrifice pour les péchés, pour le ministère sacerdotal des prêtres. Mais, il était surtout une image du sanctuaire céleste où Jésus-Christ allait exercer son ministère, en tant que Souverain Sacrificateur en faveur des croyants. Sans cette expérience de sanctuaire terrestre, la réalité du sanctuaire céleste serait très floue dans nos esprits, à moins que Dieu décide que le St-Esprit l'imprime dans nos cœurs d'une façon spéciale. Dans ce cas cité précédemment, l'Éternel nous instruit à partir du sanctuaire terrestre pour nous amener à comprendre, qu'est-ce qui se passe dans le sanctuaire céleste. Il passe du concret à l'abstrait. Donc, le sanctuaire céleste représente une étape plus avancée dans la révélation divine par rapport au sanctuaire terrestre. Une autre vérité importante, quand Jésus était mort, les écritures rapportent que le voile qui séparait le Lieu Saint et le Lieu Très-Saint fut déchiré de haut en bas. Ce qui signifie que le sang de Jésus-Christ donne maintenant accès au Lieu Très-Saint à tous ceux qui le veulent et qui remplissent les conditions pour y entrer. Alors, cette révélation nous amène à une étape plus avancée dans notre démarche chrétienne.

Depuis Exode 19:6, Dieu a promis de faire de son peuple « un royaume de sacrificateurs », c'est-à-dire un gouvernement dirigé par un Roi (Jésus-Christ) et dont tous les citoyens seraient assez sanctifiés, consacrés, comme de véritables sacrificateurs, cette fois-ci par le sang de Jésus-Christ et par leur consécration, pour être capables de se présenter librement dans le Lieu Très-Saint (sur le plan spirituel) en présence de Dieu. Ces déclarations des Apôtres Pierre et Jean, nous démontrent la réalisation de cette promesse de l'Éternel de faire de ses enfants un royaume de sacrificateurs. 1 Pierre 2:4,5 « Approchez-vous de Lui, pierre vivante, rejetée par les hommes, mais choisie et précieuse devant Dieu; et vous-mêmes, comme des pierres vivantes, édifiez-vous pour former une maison spirituelle, un saint sacerdoce, afin d'offrir des victimes spirituelles, agréables à Dieu par Jésus-Christ ». Apocalypse 5:9,10 « ...Car, tu as été immolé, et tu as racheté pour Dieu par ton sang, des hommes de toute tribu, de toute langue, de tout peuple, et de toute nation; et tu as fait d'eux un royaume et des sacrificateurs pour notre Dieu, et ils régneront sur toute la terre ». Ce n'est pas difficile à comprendre, Jésus a fait de nous un royaume et des sacrificateurs. Nous devons seulement nous rendre compte que nous sommes des sacrificateurs. Un sacrificateur ne peut pas vivre comme une personne simple. Un Sacrificateur est en général une personne qui mène une vie de sanctification, consacrée au service de Dieu, et capable de s'approcher de lui quotidiennement. Il portait des habits confectionnés suivant des directives divines et du Saint Esprit. Les chapitres 25 à 40 du livre Exode, et Lévitique premier à 9, fournissent des informations sur la construction du tabernacle, incluant les services, la consécration et les habits des prêtres, et tous les rituels qui préfiguraient la première venue de Christ et son ministère dans le sanctuaire céleste.

L'Éternel a institué la Pâque à la sortie du peuple Israël d'Égypte. Cette journée revêt d'une très grande importance, de telle sorte que Dieu l'a proclamée comme jour de congé pour tout le peuple, en plus d'être leur journée de nouvel an. La délivrance de l'Égypte fut une libération non seulement de l'esclavage, mais aussi des mœurs et coutumes égyptiennes. « On prendra du sang de l'agneau sacrifié, et on en mettra sur les deux poteaux et sur le linteau de la porte des maisons où on le mangera. Cette même nuit, on en mangera la chair, rôtie au feu; on la mangera avec des pains sans levain et des herbes amères, Exode 12:7,8 ». Les sacrifices d'animaux qui préfiguraient la mort de Jésus, fut un signe annonciateur que le Sauveur viendra pour nous aider à franchir une étape plus avancée dans notre marche vers l'éternité, soit la libération spirituelle de l'esclavage du péché et de Satan. « Je suis le pain de vie, vos pères ont mangé la manne dans le désert, et ils sont morts. C'est ici le pain qui descend du ciel, afin que celui qui en mange ne meure point. Je suis le pain vivant qui est descendu du ciel. Si quelqu'un mange de ce pain, il vivra éternellement; et le pain que je donnerai, c'est ma chair, que je donnerai pour la vie du monde, Jean 6:48-51; Jésus nous invite aussi à boire le jus de raisin non fermenté qui représente son sang, Matthieu 26:28 ». La vie du croyant doit s'imprégner de celle de Jésus dans le but de la vivre et de la refléter. Nous sommes appelé pour vivre notre vie chrétienne jusqu'au plus haut point de notre capacité spirituelle. Et notre capacité spirituelle est illimitée quand la vie de Jésus-Christ se greffe à la nôtre par le moyen du Saint Esprit.

> *Notre capacité spirituelle est illimitée quand la vie de Jésus-Christ se greffe à la nôtre par le moyen du Saint Esprit.*

« Car, en lui habite corporellement toute la plénitude de la divinité », Colossiens 2:9. « C'est par Dieu que nous sommes en Jésus-Christ, qui par la volonté de Dieu a été fait pour nous sagesse, justice et justification, et rédemption », 1 Corinthiens 1:30. Si nous nous considérons en tant qu'humain, nous pensons aux mots : impossible, barrière, muraille, mais relevons la tête vers Dieu, les possibilités sont illimitées. Tout est à notre portée, nous avons tout, nous pouvons tout, parce que « nous formons une seule et même plante avec Jésus », (voir Jean 15, Romains 6:5).

4. L'éducation graduelle par la loi

Nous avons déjà commencer à parler de la loi, plus précisément des deux alliances. Nous pouvons comprendre que le vœu de Dieu, c'est d'avoir sa loi écrite dans nos cœurs, parce que cette action est la dernière étape éducative de son enseignement par rapport à la loi. Mais, pourquoi l'Éternel a voulu mettre sa loi dans nos cœurs? Nous allons un peu plus loin vous parler de cœur selon la bible.

> *Sa loi écrite dans nos cœurs, est la dernière étape éducative de son enseignement par rapport à la loi.*

Dans Ézéchiel 36:26, 27, l'Éternel avait promis à

ses enfants de leur donner un cœur nouveau et un esprit nouveau. « Je mettrai mon esprit en vous, dit-Il, et je ferai en sorte que vous suiviez mes ordonnances, et que vous observiez et pratiquiez mes lois ». Donc, la présence de la loi de Dieu dans nos cœurs doit contribuer à les changer et à nous rendre plus aptes à le servir. Quand la loi était sur les tables de pierre, on ne pouvait pas l'avoir à tout moment sur soi, à moins que l'on ait une bonne mémoire pour s'en rappeler. Cette situation avait contribué à former des croyants formalistes en guise des croyants qui développent une relation d'amour et d'amitié avec son Créateur. Ainsi le premier objectif de Dieu était sans doute d'inscrire cette loi dans notre mémoire, parce que c'est cette même loi qu'il va inscrire dans nos cœurs. Vérifions ensemble, ce que Dieu avait fait pour préparer Ézéchiel avant de l'envoyer en mission, Ézéchiel 2:9 - 3:1-4.

« Je regardai, et voici, une main était étendue vers moi, et elle tenait un livre en rouleau. Il le déploya devant moi, et il était écrit en dedans et en dehors; des lamentations, des plaintes et des gémissements y étaient écrits. Il me dit : Fils de l'homme, mange ce que tu trouves, mange ce rouleau, et va, parle à la maison d'Israël! J'ouvris la bouche, et il me fit manger ce rouleau. Il me dit: Fils de l'homme, nourris ton ventre et remplis tes entrailles de ce rouleau que je te donne! Je le mangeai, et il fut dans ma bouche doux comme du miel. Il me dit: Fils de l'homme, va vers la maison d'Israël, et dis-leur mes paroles »! L'Éternel ne nous envoie pas sans nous donner la formation nécessaire. Jésus, non seulement avait formé ses disciples, il a fait un miracle pour signifier sa démarche. Dans le miracle des pains et de poissons, il a demandé de ramasser les nourritures restantes pour les conserver dans 12 paniers. Ces nourritures furent le symbole de la parole, de son enseignement; les 12 paniers représentaient les 12 disciples. Les premiers disciples avaient reçu leur enseignement de Jésus. Ils avaient la responsabilité de faire d'autres disciples pour Jésus, grâce à la formation qu'ils ont reçue (des pains dans 12 paniers). Aujourd'hui, cette responsabilité incombe à chacun de nous; mais pour se faire il nous faut manger du pain spirituel.

Par analogie, nous pouvons déduire que le but de Dieu c'est de nous emmener à consommer sa loi, comme une nourriture, l'absorber, la digérer, et tirer tous les nutriments spirituels qui s'y trouvent. Quand nous absorbons une nourriture, après quelques heures, elle fait partie de nous-mêmes. Quand la loi de Dieu est écrite dans nos cœurs, elle fera partie de notre nature. Le but de Dieu avec sa parole c'est de nous rendre capables d'agir de façon naturelle en relation avec cette loi qui exprime son caractère et sa volonté. La loi écrite sur la table de pierre est la même que celle écrite dans le cœur. La loi écrite dans le cœur est une étape plus avancée dans la révélation divine, parce que notre Père estime que nous avons assez de maturité pour arriver à cette étape. Il a lui-même rempli, à travers l'œuvre de Jésus-Christ, toutes les conditions préalables nous facilitant l'accès. C'est le sacrifice de Jésus-Christ qui a rendu possible ce miracle.

5. La prophétie de Daniel 2 et son aspect progressif

J'aimerais en toute humilité, donné brièvement un point de vue sur une infirme section de la prophétie de Daniel chapitre deux, par rapport à la progression. Cette prophétie extraordinaire est d'une très grande portée sur l'essor du christianisme. Elle jalonne une grande partie de l'histoire de l'humanité, depuis l'empire de Babylone 605 avant Jésus-Christ jusqu'à son prochain retour. C'est une prophétie qui nous fait comprendre aujourd'hui que nous sommes dans la dernière phase de l'histoire de ce monde, tel que nous le connaissons. Nous sommes unanimes sur le fait que le second avènement de Jésus-Christ est très proche. C'est l'heure de nous préparer. Daniel 2:34, « rapporte qu'une pierre se détacha sans le secours d'aucune main, frappa les pieds de fer de la statue et l'a mise en pièces ». Au verset 35, nous lisons que « la pierre qui avait frappé la statue devint une grande montagne, et remplit toute la terre ». Dans l'explication du rêve du roi Nebucadnezar au verset 44, le prophète Daniel a précisé que « Dans le temps de ces rois, le Dieu des cieux suscitera un royaume qui ne sera jamais détruit, et qui ne passe plus sous la domination d'un autre peuple; il brisera et anéantira tous ces royaumes-là, et lui-même subsistera éternellement ». Le verset 45 indique que la pierre qui a frappé la statue et l'a brisée, représente ce royaume éternel. J'ai vérifié dans plusieurs versions bibliques anglaises et françaises, on a privilégié le verbe devenir, dans « la pierre devint une grande montagne ». Si nous nous posons la question : À quel moment le royaume de Dieu est-il venu? Le verset 44 nous éclaire par cette expression : dans le temps de ces rois. Que représentent ces rois dans la statue? Les jambes, les pieds en fer et en argile représentent l'empire romain qui fut le quatrième royaume universel. Nous avons vu que ce royaume fut transformé en dix royaumes fragiles, symbolisant les pieds en fer et en argile (versets 42, 43). La bible d'études Semeur, dans son commentaire, explique : « C'est sous

Chapitre 4 La révélation divine

l'empire romain que le royaume de Dieu est venu. À partir de là, il grandit progressivement, p.1237 ». Si l'on croit que le royaume de Dieu, dans sa phase spirituelle, est futuriste; nous n'aurons pas le sentiment d'urgence pour nous préparer en conséquence. Nous les chrétiens, nous sommes déjà membres de ce royaume divin qui évolue dans sa phase spirituelle et préparatoire. Ce qui veut dire que, dès maintenant, nous devons avoir un comportement digne de notre statut de membre du royaume de Dieu. Tout indique que l'établissement de ce royaume est progressif. Et il semble que la première pierre qui débute la construction de ce royaume a été posée dès le moment où Jésus-Christ a commencé son ministère, formé des disciples, et établi son église.

Le dictionnaire petit Robert définit devenir, du latin devenire : passer d'un état à un autre, commencer à devenir ce qu'on n'était pas. En grec, c'est le mot guinomaï qui signifie, passer d'un état à un autre. Alors, pour changer d'état, un certain temps est requis. Il serait même obligé d'avoir un certain chevauchement entre le début de ce royaume divin, sous son angle spirituel, et le pouvoir humain, avant qu'il le supplante complètement. Nous allons ensemble, passer en revue quelques déclarations de Jésus-Christ. Dans Matthieu 13:31,32, nous retrouvons en parabole les sept aspects du royaume des cieux, dont le grain de sénevé. « Le royaume des cieux est semblable à un grain de sénevé qu'un homme a pris et semé dans son champ. C'est la plus petite de toutes les semences; quand il a poussé, il est plus grand que les légumes et devient un arbre, de sorte que les oiseaux du ciel viennent habiter dans ses branches ». De même que la pierre a besoin d'un certain temps pour devenir cette grande montagne qui remplira toute la terre, la semence de sénevé a besoin aussi du temps pour se transformer en un grand arbre.

David BIVIN et Roy BLIZZARD Jr. Dans l'ouvrage « comprendre les mots difficiles de Jésus », commente le terme le royaume de Dieu est proche selon la langue hébraïque. D'abord, considérons Luc 10: 8-11; « Dans quelque ville que vous entriez, ...guérissez les malades qui s'y trouveront, et dites-leur: Le royaume de Dieu s'est approché de vous. ... sachez cependant que le royaume de Dieu s'est approché ». Dans ces deux versets, Jésus répète deux fois le terme, « le royaume de Dieu est proche ». Selon la recherche des deux auteurs cités précédemment, « venir près de » en hébreu signifie être là. Mais, en grec s'est approché de vous veut dire « engiken », sur le point de paraître. L'hébreu qui correspond à engiken est Karav, qui signifie : être arrivé, être là où quelqu'un, ou quelque chose se trouve ». Ce qui veut dire que le royaume de Dieu était là, il était arrivé. La compréhension de ces déclarations de Jésus nous fait comprendre que le retour de Jésus-Christ est vraiment proche; dans la mesure où d'après la prophétie de Daniel 2 il y a longtemps déjà que la pierre a frappé la statue, depuis environs deux mille ans. Depuis le temps où Il a exercé son ministère terrestre et établi l'église chrétienne, dont les douze premiers disciples furent les pionniers; la pierre a frappé la statue. Au fur et à mesure que des disciples prêchent l'évangile, et fassent de nouveaux disciples; la pierre qui symbole le royaume de Dieu continue de s'agrandir jusqu'à ce qu'elle remplisse toute la terre au temps fixé par Dieu, au retour glorieux de Jésus-Christ.

6. Le Baptême et ses implications progressives

Baptiser au nom de Jésus-Christ équivaut à être baptisé dans sa mort, parce que le baptême de Jésus-Christ fut un geste qui préfigurait sa mort et sa résurrection. Par le baptême, Jésus a pu se débarrasser symboliquement de son corps mortel qu'il a hérité en passant par Marie, et se revêtir de l'immortalité dans une vie nouvelle. Mais, nous devons remarquer que ce symbole d'ensevelissement et de résurrection que représente le baptême, va devenir une réalité dans la vie de Jésus au moment de sa mort sur la croix et de sa résurrection. Dans ce cas, cette réalité a pris place dans sa vie sitôt qu'il meurt et revienne à la vie. Il est vrai que nous devons dire que Jésus avait, à cause de son origine, de son statut, de sa mission, et du plan de Dieu, une vie spirituelle exemplaire. C'est pourquoi son baptême fut le témoignage vivant des promesses divines, dans la mesure où la présence de l'Esprit de Dieu dont il est issu était manifeste dans sa vie. Sa mort et sa résurrection représentent la réalisation de l'engagement pris au moment de son baptême. Il en sera de même pour nous, mais cette transformation ne prendra pas place en nous de façon automatique, immédiatement après notre baptême. Par contre, par la foi et l'obéissance à la volonté de Dieu, nous devons vivre la mort de notre vieil homme qui équivaut à notre ensevelissement dans l'eau lors de notre baptême. Notre redressement dans l'eau qui équivaut à la nouvelle naissance ou à la résurrection, doit succéder la mort du vieil homme, durant notre course chrétienne; dans un développement spirituel graduel.

La technique d'éducation divine qui est basée sur un système éducatif graduel, du plus simple au plus complexe, des informations illustrées par des images pour arriver aux sujets plus abstraits. Nous pouvons prendre en exemple l'huile d'onction qui symbolisait le Saint Esprit; les sacrifices d'agneaux et la pâque qui préfiguraient la mort de Jésus; le service sacerdotal des prêtres qui fut l'image du ministère que Jésus exerce maintenant dans le sanctuaire céleste, Daniel 9. Dans Romains 7, Paul parle de son impuissance spirituelle, à cause du péché qui exerce son pouvoir en lui. Il est obligé de faire ce qu'il ne veut pas faire, sous l'empire du péché. Il se questionne, sur « qui le séparera de son corps de mort »? Il parle de son vieil homme. Mais, un peu plus loin dans la course chrétienne de Paul, il confesse sa progression. Il a dit : « J'ai été crucifié avec Christ, si je vis ce n'est plus moi qui vit, c'est Christ vit en moi, Galates 2:20 ». L'Apôtre ajoute, « soyez mes imitateurs, frères, et portez les regards sur ceux qui marchent selon le modèle que vous avez en nous », Philippiens 3:17. Un autre texte de Paul confirme cette idée de progrès spirituel : « Soyez mes imitateurs comme je le suis moi-même de Christ », 1 Corinthiens 11:1. Alors, nous pouvons conclure que certaines déclarations de Paul se situent dans le contexte de l'homme charnel, avant qu'il ait subi la mort de l'homme charnel, qui précède la nouvelle naissance. Quand nous comprendrons le système d'éducation divine basé sur la progressivité, il nous sera plus facile de placer chaque texte dans son contexte. Dans les premiers chapitres des épîtres aux Romains, Paul a fait des déclarations qui décrivent son combat avec l'homme charnel; mais un peu plus loin, il parle de lui comme un homme nouveau qui a subi la nouvelle naissance. De plus, il a expliqué son cheminement, les raisons de sa transformation spirituelle; voir Romains 6: 3-6; Galates 2: 20; 2Corinthiens 12: 7-10; 2 Corinthiens 6:4-8; Actes 14: 22; 2 Corinthiens 4: 8-12.

7. L'empreinte du Dieu Créateur sur l'univers

La lecture de cet article a soulevé ma stupéfaction sur la réalité de la signature du Dieu Créateur sur l'univers. Il constitue la preuve évidente que la création fut une œuvre divine planifiée. J'ai choisi de l'intégrer partiellement dans mon ouvrage sans trop le commenter. J'ai laissé le soin à votre discernement de vous guider dans vos réflexions. Il donne un aperçu sur une mathématique complexe et précise axée sur le chiffre 4, qui relie les planètes entre elles, comme une grande cathédrale céleste. Le grand Architecte de l'univers n'a rien laissé au hasard. Mais, qui est ce grand Architecte? La réponse est sans équivoque: Jéhovah, le fondateur de l'univers.

a) Une mathématique de vertige

José Frendelvel, dans son livre, "L'Or des Étoiles" rapporte un vaste et particulièrement L'architecture mathématique élaborée souligne une « signature » troublante Dans le système solaire. Cette cathédrale céleste présente de multiples facettes : géométrie, phénomènes inversés, jeux de chiffres, etc. Partant d'un surprenant jeu arithmétique autour du chiffre 4 qui se révèle être la pierre angulaire numérique du système solaire, cet article expose également comment la Terre, la Lune, Vénus et Mercure sont incroyablement reliés mathématiquement aux figures géométriques simples telles que le cercle, le carré, le triangle et le pentagone.

b) Le mimétisme de Soleil et Lune

Depuis la nuit des temps, Soleil et Lune ont été les deux grands luminaires de notre planète Terre, rythmant la flore et la faune ainsi que la majeure partie des activités humaines qui se sont soumises aux cycles des jours, semaines, mois et années. Leurs dimensions apparentes quasiment similaires engendrent, de temps à autres, des éclipses solaires spectaculaires lorsque la Lune vient s'aligner précisément avec l'astre du jour. Ces deux astres nous apparaissent sous forme d'un disque de 0,25 (ou ¼) degré de rayon. Dans la réalité, ces deux corps ont des dimensions très différentes puisque le Soleil est 400 fois plus grand que la Lune en diamètre. Mais, notre satellite étant 400 fois plus proche, ils nous apparaissent ainsi de grandeurs identiques. Au niveau astronomique, la probabilité d'une telle coïncidence est infime. Pourtant ces deux compagnons des jours et des nuits l'ont réussie en jouant avec le chiffre 4. Grâce à l'observation des tâches qui apparaissent sur le disque solaire, il a été possible de mesurer la rotation de sa surface visible que l'on appelle la photosphère, laquelle s'est avérée être nettement plus rapide à l'équateur qu'aux pôles. L'estimation exacte de la rotation dans les zones polaires est difficile, par contre la zone équatoriale tourne en 25 jours (25,38 j). Ce chiffre 25, image de l'inverse du 4(puisque 1/4 = 0,25), est donc dès le départ une référence solaire. Il s'agit ici de période de rotation sidérale, c'est-à-dire par rapport aux étoiles lointaines que l'on peut considérer, à notre échelle humaine, comme un repère fixe. Par contre, un point quelconque de cet équateur solaire mettra 27,3 jours pour faire face une seconde fois à la Terre, ceci du fait que notre planète se déplace sur son orbite. Ce laps de temps est appelé rotation synodique du Soleil et il se trouve être curieusement égal

Chapitre 4   La révélation divine   65

à la période de révolution de la Lune autour de la Terre. Mais, chose encore plus étonnante, durant les dernières années, des astrophysiciens ont découvert que sous la photosphère, un peu plus en profondeur, la masse solaire interne tournait d'un seul bloc en 27 jours et quelques. Ce double synchronisme de la Lune et du Soleil étant tellement anachronique que les autorités scientifiques concernées sont restées très discrète sur ce fait, se gardant même de communiquer au public une valeur plus précise de cette rotation du Soleil interne.

c) *La Lune est captivante*

Notre inlassable compagne céleste ne s'est pas contentée d'avoir mimé la taille du Soleil et de s'être synchronisée avec lui, elle est également l'auteur de nombreuses autres prouesses, dont beaucoup sont liées avec sa période de révolution sidérale de 27,32 jours. Commençons par une petite expérience simple et amusante. Inscrivons, sur notre calculette électronique, la valeur de cette révolution lunaire de la manière la plus précise, soit 27,32166. Ensuite, une simple pression sur la touche inverse affichera le résultat 0,036600... Les trois premiers chiffres significatifs 366 nous donnent directement le nombre de rotations (1) de la Terre en un année normale (non bissextile).[1- Dans une année calendaire normale, la Terre effectue 366 rotations, mais du fait de sa révolution autour du Soleil, elle ne connaît que 365 journées ou alternances jour/nuit.]

Calculer l'inverse d'un nombre, en l'occurrence 27,32166 , revient à effectuer la division suivante : 1 / 27,32166 = 0,036600... Si l'on compare la période de notre journée solaire à celle de la révolution lunaire, c'est exactement la même équation qui est posée, c'est-à-dire : 1j / 27,32166j = 0,036600... Maintenant si l'on compare, non plus la journée solaire terrestre, mais la période de rotation sidérale de la Terre à celle de la révolution de la Lune, l'équation est légèrement différente puisque la période de rotation de la Terre est un peu inférieure aux 24 heures d'une journée. La rotation terrestre s'effectuant en 23 heures 56 minutes et 4 secondes, cela correspond à 0,99727 jour. L'équation s'écrit alors : 0,99727j / 27,32166j = 0,03650... Cette fois, les trois premiers chiffres significatifs nous donnent le nombre de jours dans une année normale de notre calendrier. Voilà déjà une entrée en matière prometteuse.

Nous sommes conscients que la compréhension de ce texte pourrait exiger une démarche laborieuse, c'est pourquoi nous l'avons raccourci.

Cet article démontre non seulement que nous ne sommes pas seuls sur la terre, mais que celle-ci fait partie d'une gigantesque construction régie par des lois mathématiques spécifiques.

Donc, l'univers est une construction planifiée, édifiée, et gérée par un Architecte expert. Cet exercice voudrait surtout vous dévoiler certaines réalités de l'univers dans lequel nous évoluons. Si vous êtes intéressés à approfondir ce sujet, je vous conseillerais de poursuivre la recherche...

Article partiel de José Frendelvel (Une mathématique de vertige): http://frendelvel.free.fr

Chapitre 5
Un péché contagieux

1. Le péché dans sa définition

Le dictionnaire biblique de F. Vigouroux souligne que le commencement de tout péché, c'est l'orgueil. L'Apôtre Jacques, au chapitre 4:6, déclare que Dieu résiste aux orgueilleux, mais il fait grâce aux humbles. L'Auteur du dictionnaire poursuit pour dire que : « l'orgueil a sa cause dans la nature de l'être créé, alors même qu'il n'est pas encore déchu. Plus un être créé a reçu des dons du Créateur, plus il a des motifs pour se complaire en ce qu'il est et ce qu'il a, si sa volonté vient à dévier de la rectitude parfaite ». Cette déclaration est en rapport avec Ézéchiel 28:14-17 décrivant la beauté de Lucifer, qui fut un Ange de lumière. Sa beauté, son rang, l'ont rendu orgueilleux. Ce fut le début de l'escalade du péché. F. Vigouroux continue, pour dire que « le péché n'est pas dans l'acte extérieur, tel que le voient les hommes; il est dans l'âme, telle qu'elle apparaît aux yeux de Dieu ». Le péché, en tant que comportement, c'est une réaction qui vient de l'intérieur vers l'extérieur. Certains trouvent leur stimulus hors de soi. Pour juguler l'effet du péché, il faut traiter la source; la chair où il fait sa demeure et le cœur qui est l'organe de transmission par lequel nourries les mauvaises actions avant qu'elles soient exécutées par nos membres (mains, bouches...).

En hébreu, le mot Afcham signifie le péché ou le crime. Le verbe Afham veut dire : il a mal fait, il a péché, il a manqué, être déclaré criminel. Le péché tiré du grec (hamartia, de hamartano), signifie: manquer le but, faire fausse route, commettre une faute, désobéir à la volonté de Dieu (Luc 15:18,21; 1 Jean 5:18).

La notion de péché suscite diverses interprétations par rapport à sa gravité, ses conséquences, et ce que nous croyons être la vision de Dieu. Certains disent qu'il y a plusieurs types de péchés, tenant compte de la gravité, de notre attitude. La bible parle de péchés volontaires, péchés involontaires, péchés par négligence (Luc 12:48), péchés par omission (Luc 11:42), péchés par ignorance, etc. D'autres pensent que tous les péchés sont égaux, parce qu'il s'agit dans tous les cas d'un péché. Je réponds souvent à des amis qu'il est préférable qu'on vole le portefeuille de quelqu'un que de le tuer. Je comprends qu'il s'agit dans les deux cas d'un péché; mais la différence dans la gravité de ces gestes, et dans leurs conséquences est immense. « Dieu ne considère pas tous les péchés comme également odieux; il y a pour lui comme pour l'homme, différents degrés de culpabilité. Mais quelque insignifiant que puisse paraître tel ou tel péché aux yeux des hommes, il n'est jamais petit aux yeux de Dieu. Le jugement de l'homme est partial, imparfait, tandis que le Seigneur estime toutes choses à leur juste valeur », Vers Jésus, p.29. Ce qui veut dire, que certaines habitudes que nous avons tendance à sous-estimer leur gravité pourront nous empêcher de fouler la patrie céleste. Dans l'Ancien Testament, il y a un autre facteur, semble-t-il, qui pesait dans la balance de Dieu. Le mobile qui nous incitait à poser une action répréhensible. Étions-nous conscients de notre comportement? Avons-nous pris la décision de façon délibérée?

Au chapitre 15 du livre de Nombre, l'Éternel donna des ordres à Moïse sur la façon que les prêtres doivent offrir des offrandes pour le pardon des péchés involontaires du peuple. Le verset 30 qualifie de blasphème contre l'Éternel, les péchés volontaires; et il ordonna de retrancher du peuple ceux qui commettent de tels péchés. L'Auteur des épîtres aux Hébreux reprend sensiblement cette même idée, au chapitre 10 verset 26: « Si nous péchons volontairement après avoir reçu la connaissance de la vérité, il ne reste plus de sacrifice pour les péchés...» On peut aussi souligner que le thème blasphème dont la signification est approximativement la même que celle de l'outrage, est utilisé dans l'Ancien Testament comme dans le Nouveau Testament. Ces textes n'excluent pas la grâce, mais celle-ci ne les exclut pas non plus; nous devons trouver le juste équilibre à travers la parole de Dieu et dans le discernement que le Saint Esprit nous communique.

De plus, certaines situations de péchés se classent comme des abominations, dans les deux segments de la bible. Selon un dictionnaire du Nouveau Testament de E. Pigeon, une abomination est une chose répulsive, qui constitue un objet de dégoût et d'horreur aux yeux de Dieu. Ce qui occupe la place de Dieu dans la vie de l'homme. En d'autres termes, le péché n'a pas changé de nom, et il s'oppose toujours à la sainteté de Dieu. Paul considère (Galates 6:1) certains péchés comme des fautes, des offenses, qu'il faudrait régler avec douceur. Je n'ai aucunement la prétention de pouvoir développer totalement ce sujet complexe, mais j'espère que vous y trouverez ce qui est essentiel pour votre cheminement spirituel. Le péché dans sa définition vous laisse sans doute avec la sensation d'un goût d'inachevé, qui suscitera en vous l'envie d'approfondir ce sujet, (voir Nombre 15: 22-36).

2. Le péché contagieux d'Adam et Ève

Certaines dénominations religieuses adoptent le thème « péché originel » pour expliquer cette corruption héritée de la nature d'Adam. Nous retrouvons dans la bible, le thème péché qui représente ce mal que l'arbre de la connaissance du bien et du mal a transmis à la race humaine. Dans Genèse 4, l'Éternel a lui-même, comparé le péché à quelqu'un qui se tient à la porte de Caïn, en attendant une occasion favorable pour agir en lui. L'Apôtre Paul a fait amplement usage dans l'épître aux Romains. Ce livre est un livre très particulier que nous pouvons, en tant que chrétiens, explorer davantage. Vérifions quelques déclarations de Paul sur le péché. Le verset douze de Romains cinq nous dit: « C'est pourquoi, comme par un seul homme le péché est entré dans le monde, et par le péché la mort, et qu'ainsi la mort s'est étendue sur tous les hommes, parce que tous ont péché ». Au verset 23 de Romains sept, il écrit: « Je vois dans mes membres une autre loi, qui lutte contre la loi de mon entendement, et qui me rend captif de la loi du péché, qui est dans mes membres ». Si nous ajoutons les versets 8,16, 17 de Romains 7:« Le péché, saisissant l'occasion, produisit en moi par le commandement toutes sortes de convoitises , v8. Si je fais ce que je ne veux pas, v16; ce n'est pas moi qui le fait, c'est le péché qui habite en moi, v17. Nous avons déjà prouvé que tous, Juifs et Grecs, sont sous l'empire du péché; Romains 3:9. Tous ont péché, et sont privés de la gloire de Dieu, v23. La mort a régné depuis Adam jusqu'à Moïse, même sur ceux qui n'avaient pas péché par une transgression semblable à celle d'Adam, » Rom.5:14. Il s'agit de la mort spirituelle qui a régné, selon le dernier texte.

On pourrait ajouter qu'avant de manger l'arbre de la connaissance du bien et du mal, le mal n'était pas encore dans la nature de l'homme. Alors, on peut dire, ce que Paul appelle le péché dans les textes cités plus haut; c'est ce mal qui fut introduit dans la nature humaine au moment où Adam et Ève ont consommé le fruit de l'arbre de la connaissance du bien et du mal. Donc, étant donné que nous sommes tous fils d'Adam par nature, c'est-à-dire avant la mort du vieil homme et la nouvelle naissance, nous héritons tous de cette nature pécheresse. Dans Jean 3:6, Jésus nous a dit : ce qui est né de la chair est chair. Le Dieu, Créateur est devenu véritablement notre Père au moment où nous subissons la mort du vieil homme et nous soustrayons de l'empire du péché, pour marcher selon l'Esprit. Cela ne veut pas dire que nous n'appartenons pas à Dieu, parce nous sommes encore imparfaits. « Je crois qu'il est important de souligner qu'il est impossible de comprendre correctement l'épître aux Romains sans accepter que la consommation du fruit de l'arbre de la connaissance du bien et du mal a introduit dans la nature humaine, ce mal ou ce péché constitué en force contraignante. D'autre part, si l'on n'appréhende pas la réalité et la véritable signification de la mort du vieil homme qui nous fait passer de l'emprise du péché à une nouvelle vie en Jésus-Christ, dont il est question au chapitre sept, il nous serait difficile de saisir l'essence de ces lettres ».

> *La mort du vieil homme nous fait passer de l'emprise du péché à une nouvelle vie en Jésus-Christ.*

L'homme avant le péché ne connaît que le bien. Il évoluait dans une atmosphère paradisiaque, dans le jardin d'Éden. Il pouvait voir face à face, son Créateur qui l'a tissé de ses propres mains. J'imagine qu'ils se dialoguaient, se comprenaient, s'aimaient, l'un l'autre. Mais, ce qui était plus merveilleux, c'était de se retrouver directement en la présence de Dieu, sans aucune barrière, ni intermédiaire. À ce moment où l'homme vivait dans ce paradis terrestre, il fut habité par le bien, il vivait par et pour le bien. C'est une présence qui dégage un flux de bonheur inexprimable; une force attractive qui nous entraîne vers le bien et nous engage dans la voie du progrès spirituel. Les trois personnes de la Divinité sont intimement liées. Certaines expériences avec le Saint-Esprit, comme par exemple le baptême du Saint-Esprit, peuvent nous faire goûter au bonheur de la présence de Dieu.

Jaloux de notre bien-être, tout à coup Satan surgit, envoûtant le serpent pour s'adresser à Ève par l'entremise de cet animal que celle-ci aimait. La décision d'Ève d'obéir à la voix du serpent a changé de façon irréversible la nature de l'homme et son environnement. « Étant donné que la parole de Dieu est certaine et véritable. Elle est aussi action, Dieu dit et la chose arrive. Il ordonne, elle existe » Cette parole de Dieu allait s'accomplir dans la vie de l'homme.

«...Le jour où tu en mangeras, tu mourras, » Genèse 2:17. Depuis ce jour fatal, le péché trouve sa demeure dans la vie de l'homme qui fut pourtant créé à l'image de Dieu, selon sa ressemblance. Et il s'impose comme une force contraignante, entraînant la race humaine de plus en plus dans la corruption. Ce mal qu'est le péché grandit rapidement, et amène l'être humain à la dérive. La sainteté de la nature de Dieu est hostile au péché; donc, la relation rapprochée qui existait entre Dieu et l'homme s'effrite. Le Créateur exprime son désappointement en ces termes : L'Éternel dit, « mon esprit ne restera pas à toujours dans l'homme, car l'homme n'est que chair, et ses jours seront de cent vingts ans », Genèse 6:3. Un peu plus loin, au même chapitre, nous pouvons lire: « La terre était corrompue devant Dieu, elle était pleine de violence. Dieu regarda la terre, et voici, elle était corrompue; car toute chair avait corrompue sa voie sur la terre », Genèse 6:11,12. Le constat est évident, l'homme est devenu le dépositaire du bien et du mal, et ce dernier a pris le dessus. Satan cherche par tous les moyens à nous attirer de plus en plus vers le mal, à nous enfoncer dans le péché et du même coup nous écarter de notre Créateur.

3. Une force contraignante dans l'homme naturel, le péché

Cette intervention de l'Éternel a été faite à la suite du mécontentement de Caïn, jaloux de voir l'offrande de son frère agréée, contrairement à la sienne. Dans ce texte, Dieu a personnifié le péché comme un ennemi qui surveille et attend une brèche pour bondir sur Caïn. Le texte de Genèse 4:7, a personnifié le péché comme un ennemi qui nous épie: « Si tu (Caïn) agis mal, le péché se couche à la porte, et ses désirs se portent vers toi; mais, toi domine sur lui ». Dieu a estimé que l'homme avait encore en lui-même les ressources nécessaires pour dominer le mal, parce que le bien l'habitait aussi. D'après le contexte, nous ne pouvons pas considérer ce péché qui attend à la porte pour se mettre en action comme un mauvais comportement de Caïn. Il ressemble de préférence à cette force contraignante que l'Apôtre Paul appelle le péché dans les lettres aux Romains. La colère, la convoitise comptent parmi les comportements inappropriés du chrétien qui pourraient l'entraîner à se soumettre aux désirs de la chair, voire obéir aux suggestions sataniques. De toute évidence, le péché a des désirs, il peut se tenir à la porte d'une personne. Il est une puissance impulsive dormante dont les activités varient d'une personne à une autre. Dieu l'a décrit comme une force active qui reste à l'état latent dans l'homme, dans l'attente d'une situation propice pour s'activer.

Paul décrit la situation spirituel de l'homme naturel dès sa naissance. « Nous avons déjà prouvé que tous, Juifs et Grecs, sont sous l'empire du péché », Romains 3:9. Jésus nous a rappelé dans Jean 3:6a que, ce qui est né de la chair est chair. Tous les fils d'Adam sont charnels, et le péché règne sur eux. Le mot grec traduit par règne, signifie littéralement: être un roi, agir comme un roi. Nous pouvons déduire que le verset vingt-et-un de Romains 5 traite le péché, qui dans ce cas signifie le mal qui est dans notre nature, comme un roi... « afin que, comme le péché a régné par la mort, ainsi la grâce régnât par la justice pour la vie éternelle, par Jésus-Christ, notre Seigneur ». Paul faisait état de la situation de l'homme charnel, dans Romains chapitre trois verset neuf, il dit que tous les humains sont sous l'empire du péché. Le pouvoir du péché n'a pas de limite, aussi longtemps que l'homme reste charnel. Pour se soustraire de l'empire du péché, il faut devenir fils spirituel de Dieu en s'appropriant de toutes les bénédictions dont nous sommes l'objet en Jésus-Christ; rédemption, justification, résurrection, nouvelle naissance. C'est le chapitre sept de l'épître aux Romains qui traite de la solution à apporter à ce péché dominant.

« Nous savons, en effet, que la loi est spirituelle; mais moi, je suis charnel, vendu au péché. Car, je ne sais pas ce que je fais: je ne fais point ce que je veux, et je fais ce que je hais. Or, si je fais ce que je ne veux pas, je reconnais par là que la loi est bonne. Et maintenant ce n'est plus moi qui le fais, mais c'est le péché qui habite en moi. Ce qui est bon, je le sais, n'habite pas en moi, c'est-à-dire dans ma chair: j'ai la volonté, mais non le pouvoir de faire le bien. Car je ne fais pas le bien que je veux, et je fais le mal que je ne veux pas. Et si je fais ce que je ne veux pas, ce n'est plus moi qui le fais, c'est le péché qui habite en moi. Je trouve donc en moi cette loi: quand je veux faire le bien, le mal est attaché à moi. Car je prends plaisir à la loi de Dieu, selon l'homme intérieur; mais je vois dans mes membres une autre loi, qui lutte contre la loi de mon entendement, et qui me rend captif de la loi du péché, qui est dans mes membres. Misérable que je suis! Qui me délivrera du corps de cette mort?... Grâces soient rendues à Dieu par Jésus Christ notre Seigneur!... Ainsi donc, moi-même, je suis par l'entendement esclave de la loi de Dieu, et je suis par la chair esclave de la loi du péché », Romains 7:14-25. Dans ces versets, il est important de comprendre que Paul parle de la situation de l'homme non régénéré, avant la mort du vieil homme. J'ai pris soins de ne pas utiliser le mot conversion, parce que celle-ci est un processus progressif. Nous pouvons facilement comprendre que Paul a décrit dans ces versets sa situation à la suite de son entrée dans le christianisme, et son baptême. Il était au milieu de ce mécanisme de transformation que nous appelons la conversion. Il a exprimé tout le bouleversement qu'a subi sa conscience. Le péché qui habite en lui prend son contrôle, ce mal hérité d'Adam qui représente ce changement que notre nature a subi, lors de la désobéissance. L'homme naturel ou charnel est dirigé surtout par sa volonté charnelle, son esprit est incapable de le diriger selon la volonté de Dieu. Il exprime l'intensité de la lutte qu'il menait contre le péché qui demeurait encore en lui.

Il peut arriver que ces textes soient utilisés en dehors de leur contexte, dans ce cas, on comprend une autre chose que l'idée qui est dégagée dans le texte. L'apôtre a fait une transition, au trois premiers versets du chapitre huit: « La loi de l'Esprit de vie en Jésus-Christ m'a affranchi de la loi du péché et de la mort... parce que la chair rendait la loi sans force, Dieu a condamné le péché dans la chair, en envoyant, à cause du péché, son propre Fils dans une chair semblable à celle du péché », Romains 8:2,3. En envoyant son Fils mourir dans cette chair de péché, Dieu a condamné le péché dans la chair de tous les croyants. Donc, à cause du péché, l'homme charnel de chaque croyant est aussi condamné à mourir, en vue d'éliminer ou de juguler la source du péché.

4. La dépravation de la race humaine

L'épître aux Romains, dans ses premiers chapitres, présente d'abord la situation de l'homme charnel. Elle démontre que tous les hommes qu'ils soient Juifs, Grecs ou païens, le péché n'épargne personne. Cependant « la mort a régné depuis Adam jusqu'à Moïse, même sur ceux qui n'avaient pas péché par une transgression semblable à celle d'Adam, lequel est la figure de celui qui devait venir », Romains 5:14. Il est évident que Paul a dit dans ce verset que même les personnes qui n'avaient pas péché dans le sens de désobéir directement à une prescription divine, étaient sous l'emprise du péché. Ici, Paul entend par péché, ce mal que nous héritons d'Adam, et qui nous pousse à faire le mal. Il a présenté Jésus-Christ en tant qu'un second Adam, voir 1Corinthiens 15:47. À cause de notre état de péché naturel, tous les humains indistinctement ont besoin d'un Sauveur. Notre Père céleste a fait sa part, en nous envoyant Jésus-Christ. Maintenant, il reste à chaque homme et chaque femme, de prendre sa décision grâce à son libre arbitre de collaborer avec le Saint Esprit dans son œuvre de transformation pour réduire l'influence du péché dans la vie de chaque croyant.

a. La chair, la demeure du péché

Parlons un peu de la chair pour mieux élucider ce sujet. Voici quelques définitions du mot chair d'après un dictionnaire biblique du Nouveau Testament. Le mot chair du grec sarx, signifie: a) l'élément le plus faible de la nature humaine; Mathieu 26:41, Romains 6:19, 8:3a. b) l'état non régénéré des hommes, Romains 7:5; Romains 8:8,9. c) le siège du péché dans l'homme intérieur, 2 Pierre 2:18; Galates 5:24-26 d) l'élément inférieur et temporaire chez le chrétien, Galates 3:3, Galates 6:8. e) la personne humaine avec ses capacités naturelles, Éphésiens 2: 1-5.

b. Sa destruction

Le sacrifice de Jésus avait pour but de détruire le péché. (voir Jean 1:29). Avant même la naissance de Jésus, l'Ange du Seigneur qui était venu annoncer la nouvelle à Joseph, avait pris soin de préciser la mission principale du Sauveur dans Mat. 1:21 « ...C'est Lui qui sauvera son peuple de ses péchés ». Cette idée est clairement exprimée dans Hébreux 9:26b, « Maintenant, à la fin des siècles, il (Jésus) a paru une seule fois pour abolir le péché par son sacrifice ». Sa mort nous a fournis toutes les armes spirituelles nécessaires pour combattre le mal. Dans le texte de Romains 6:6 le verbe détruire se traduit aussi par annuler. C'est le mot grec arguéô qui signifie abolir, supprimer, annuler. Le verset 6 de la version Darby se lit: « Le corps du péché est annulé par la crucifixion du vieil homme avec Christ ». La bible Semeur traduit le thème, le vieil homme est crucifié avec Jésus afin que sa force soit réduit à l'impuissance. La version Louis Second utilise le verbe détruire, dans « le corps du péché fut détruit ». Pourquoi détruire le vieil homme? Le verset 7 répond: Celui qui est mort est libéré du péché. Nous pouvons ajouter un autre élément de réponse de Romains 8:7,8: « La chair tend à s'ériger en ennemi de Dieu, parce qu'elle ne se soumet pas à la loi de Dieu; elle en est incapable. Ceux qui sont sous l'empire de la chair ne peuvent plaire à Dieu ». La mort de l'homme charnel est un travail progressif. Donc, plus on est charnel, plus on pèche; moins on est charnel, moins on pèche.

La chair nous empêche de vivre la vie que nous sommes appelés à vivre en Jésus. Il est impossible à l'Esprit de réaliser son œuvre en nous, si la chair n'est pas domptée. « Ceux qui sont à Jésus Christ ont crucifié la chair avec ses passions et ses désirs. Si nous vivons par l'Esprit, marchons aussi selon l'Esprit. Ne cherchons pas une vaine gloire, en nous provoquant les uns les autres, en nous portant envie les uns aux autres », Galates 5:24-26. Voir Éphésiens 2:1-5 aussi.

L'Éternel, grâce à sa connaissance parfaite de la nature humaine, sait pertinemment que ce sont les difficultés, la souffrance, et le travail du Saint Esprit dans le cœur, qui peuvent entraîner la mort du vieil homme. C'est dans ces moments d'impuissance devant les difficultés, que l'homme qui s'attache vraiment à Dieu, au lieu de chercher sa propre solution, va recourir à la prière et aux supplications pour implorer le secours divin. C'est dans cet état d'esprit de soumission complète que notre Dieu interviendra pour nous fortifier, nous transformer.

5. L'antidote au péché, la croix, ou la mort du vieil homme

Il existe des forces qui se conjuguent pour entraîner et maintenir l'homme dans le péché: le monde et ses attraits, Satan et ses démons, et l'homme charnel dans la vie de chaque croyant, en sont les principales sources. « Le monde est sous la domination du Diable » jusqu'à un certain point, Jean 16:11. Ce qui veut dire que le monde et le Diable s'accordent pour garder les humains dans la chaîne du péché. Notre Père céleste, pour résoudre le problème du péché, a décidé d'agir en vue de faire mourir l'homme charnel par le portage quotidien de la croix, Luc 9:23. Celui qui est mort est libre du péché. « Si nous sommes morts avec Christ, nous croyons que nous vivrons aussi avec lui, sachant que Christ est ressuscité des morts », Romains 6:7-9...Ici la solution parait simple, si celui qui est mort est libre du péché. Il est aussi évident que pour se soustraire de l'empire du péché, il faut mourir. Ne nous effrayons pas, il ne s'agit pas d'une mort physique; mais plutôt de la mort du vieil homme. Permettez-moi de dire que: « Cette vérité sur la mort de l'homme charnel et la nouvelle naissance est essentielle, si nous la comprenons dans la bible, et qu'elle s'applique dans nos vies, nous sommes bénis ». Le texte suivant illustre bien la volonté de Dieu en ce sens. « Ignorez-vous que nous tous qui avons été baptisés en Jésus Christ, c'est en sa mort que nous avons été baptisés? sachant que notre vieil homme a été crucifié avec lui, afin que le corps du péché fût détruit, pour que nous ne soyons plus esclaves du péché »; Romains 6:3,6

« Car, chose impossible à la loi, parce que la chair la rendait sans force, - Dieu a condamné le péché dans la chair, en envoyant, à cause du péché, son propre Fils dans une chair semblable à celle du péché, Romains 8,3. Car, lorsque nous étions dans la chair, les passions des péchés provoquées par la loi agissaient dans nos membres, de sorte que nous portions des fruits pour la mort. Mais maintenant, nous avons été dégagés de la loi, étant morts à cette loi sous laquelle nous étions retenus, de sorte que nous servons dans un esprit nouveau, et non selon la lettre qui a vieilli », Romains 7:5,6. Ces textes présentent la théorie et le symbolisme de la mort du vieil homme et de la nouvelle naissance. Mais, nous devons comprendre que cette théorie et ce symbolisme de la mort et de la résurrection par le baptême doivent se concrétiser dans la réalité de la vie chrétienne de chaque croyant. Comme le port de la croix avait précédé la mort de Jésus, puis sa résurrection, il en sera de même pour chacun de nous. Dans la signification de la croix, nous comprendrons comment ces choses seront matérialisées dans notre course chrétienne. La mort du vieil homme précède la nouvelle naissance, parce que la nouvelle naissance est une sorte de résurrection spirituelle.

6. La solution aux péchés, le sang de Jésus-Christ

Si nous considérons certains textes de Jésus et de Paul, nous pouvons aisément comprendre que Dieu ne veut pas que nous péchions. Jésus

Chapitre 5   Un péché contagieux

nous dit dans Matthieu 5v48: Soyez donc parfaits, comme votre Père céleste est parfait. C'est pourquoi, Il a mis le Saint Esprit en nous; afin que nous formions une même plante avec Jésus, selon Jean 15 et Romains 6:5. Donc, notre Père a implanté la vie de Jésus en nous, dans le but de nous transformer à son image. Nous avons parlé de la greffe d'une plante sauvage, appelée zenmorette, et de l'aubergine. Cette greffe était très bien réussie, nous avons récolté de très bonnes aubergines. Les aubergines étaient comme celles issues d'une plante d'aubergine naturelle. Par contre, une greffe d'un oranger amer et d'un oranger sucré ne produit pas nécessairement des fruits identiques aux oranges; mais il produira un fruit ayant la même saveur que l'orange, avec un aspect un peu différent. On peut comprendre que les greffes pratiquées par les humains ne sont pas toujours efficaces que celui dont Dieu est l'auteur.

    Notre Père a l'intention de rendre notre greffe avec Jésus parfaite. Maintenant, il nous donne les prémices du Saint Esprit, qui doit travailler à nous transformer progressivement en vue de la rédemption finale au moment de son second avènement. Il est essentiel d'avoir en nous les prémices de l'Esprit; car sa présence en nous constitue le signe que nous sommes éligibles pour passer à l'étape suivante, Éphésiens 1:13,14. Le Saint Esprit nous maintient et nous conduit vers le bien pour la gloire de Dieu. Malgré tout, s'il arrive que nous péchions, nous avons un souverain Sacrificateur qui a été tenté comme nous et qui peut compatir à nos faiblesses; Il peut à l'aide de son propre sang, nous pardonner, nous purifier de toutes iniquités.

    Jésus-Christ est notre Souverain Sacrificateur, si toutefois nous péchons, son sang est efficace pour nous pardonner de toutes nos souillures. Il a expérimenté notre nature, il connaît nos faiblesses, nos besoins; sa miséricorde est à notre service. « En conséquence, Jésus a dû être rendu semblable en toutes choses à ses frères, afin qu'il fût un souverain sacrificateur miséricordieux et fidèle dans le service de Dieu, pour faire l'expiation des péchés du peuple; car, ayant été tenté lui-même dans ce qu'il a souffert, il peut secourir ceux qui sont tentés », Hébreux 2:17,18.

    De plus, il nous a porté dans son sein; de telle sorte que nous soyons constamment présent en lui. Il suffit d'adresser nos prières à Dieu au nom de Christ, notre rédempteur; et il tâchera d'intercéder pour nous auprès du Père au moyen de son sang. « Ainsi donc, frères, puisque nous avons, au moyen du sang de Jésus, une libre entrée dans le sanctuaire par la route nouvelle et vivante qu'il a inaugurée pour nous au travers du voile, c'est-à-dire, de sa chair, et puisque nous avons un souverain sacrificateur établi sur la maison de Dieu, approchons-nous avec un cœur sincère, dans la plénitude de la foi, les cœurs purifiés d'une mauvaise conscience, et le corps lavé d'une eau pure », Hébreux 10:19-22

7. Les péchés, un enjeu crucial pour le croyant

Le péché nous affaiblit spirituellement et nous éloigne de notre Père. Satan le sait, il essaie de mettre sur notre chemin toute sortes de distractions pour nous retarder dans notre course chrétienne, voire nous éloigner de notre but. Nous pouvons penser à certains plaisirs malsains, et à certains attraits mondaines qui sont très convoités. Les sources des distractions sont multiples. Elles peuvent être la mode, la poursuite de la richesse à tout prix, une mauvaise utilisation de l'internet ou une utilisation à outrance de certains gadgets électroniques, sans oublier la télévision. De plus, nous pouvons être piégés dans la conformité de certaines habitudes inadaptées à la vie chrétienne, et vivre en marge du cadre chrétien sans s'en rendre compte. À chaque fois nous péchons, nous nous éloignons de notre créateur et ouvre une brèche à Satan pour faire partie de notre vie; parce que le péché est son œuvre. « Celui qui pratique le péché est du Diable, car le Diable pèche dès le commencement. Le Fils de Dieu a paru afin de détruire les œuvres du Diable », 1 Jean3:8. Par contre, pour attirer Dieu vers nous, en la personne du Saint Esprit, nous devons choisir la sanctification, le bien, parce que le bien vient de Lui.

« Et si l'Esprit de celui qui a ressuscité Jésus d'entre les morts habite en vous, celui qui a ressuscité Christ d'entre les morts rendra aussi la vie à vos corps mortels par son Esprit qui habite en vous. Si vous vivez selon la chair, vous mourrez; mais si par l'Esprit vous faites mourir les actions du corps, vous vivrez »; Romains 8:11, 13. Dans Ézéchiel 36, les versets 26 et 27, l'Éternel avait promis qu'Il nous donnera un esprit nouveau pour être capable de le servir. Il s'agit ici de la promesse du Saint Esprit, dont le travail contribue à produire la nouvelle naissance. En hébreu, c'est le mot Ruach qui signifie esprit, Saint Esprit, vent, Ange, de telle sorte que l'on doit tenir compte du contexte et d'autres informations additionnelles pour choisir la signification la plus appropriée. En grec, c'est le mot pnéuma signifie souffle, vent, esprit, Saint Esprit. Dans d'autres situations, la langue grecque nous offre une approche plus concise qui facilite la

Chapitre 5   Un péché contagieux   79

compréhension. Elle utilisera des mots spécifiques pour spécifier la nature de l'amour, ou du péché dont il est question.

Le péché représente un enjeu important dans la vie spirituelle de chaque croyant. Il serait bon de chercher à cerner et saisir les différentes façons de le définir. Gardons le projecteur plus longtemps dessus, afin de le cristalliser; pour permettre à chacun de nous d'explorer certains aspects qui souvent se cachent dans l'ombre. Cette clarté, une fois obtenue contribuera à développer notre discernement, pour bien agir et réagir même dans les situations complexes de notre vie.

Pour un fils d'Adam, le péché est chose commune. Certaines de ses actions qui transgressent la loi divine paraissent banales à ses yeux, parce qu'elles sont répétitives et acceptées dans sa communauté. Vivant dans une nature pécheresse, il est enclin à adopter des comportements qui l'opposent à Dieu et enfreignent les règles morales. L'homme issu d'Adam n'a pas encore eu le privilège de vivre dans un corps totalement incorruptible. Jésus-Christ l'a insinué dans Jean 3:3 « Ce qui est né de la chair est chair ». Paul dans Romains 7: 7,8, ajoute: « Car l'affection de la chair est inimitié contre Dieu, parce qu'elle ne se soumet pas à la loi de Dieu, et qu'elle ne le peut même pas. Or ceux qui vivent selon la chair ne sauraient plaire à Dieu ». Mais, gloire soit rendue à Dieu, la mort de Jésus-Christ et le don du Saint Esprit nous donnent les moyens de changer progressivement notre origine adamique à celle divine.

Contrairement aux humains, pour Dieu le péché est odieux, parce qu'il trouve ses conséquences désastreuses. Le péché l'éloigne de ses enfants, entraîne leur inertie spirituelle, et peut même les amener vers la perdition éternelle; si on n'y remédie pas. Donc, aux grands maux, il faut apporter de grands remèdes. L'Éternel a décidé que le salaire du péché soit la mort. À cause de son amour incommensurable, notre Créateur a consenti de payer le prix de nos forfaits par la mort de son Fils, Jésus-Christ. Mais, il a réclamé une petite contribution de

> *La mort de Jésus-Christ et le don du Saint Esprit nous donnent les moyens de changer progressivement notre origine adamique à celle divine.*

notre part: la mort de notre homme charnel, comme condition préalable pour être libéré du péché (Jean 3: 5-7; Romains 6:6). Il a réalisé dans la mort de Jésus-Christ, les conditions essentielles; en attendant que nous acceptions son sacrifice par la foi et adhère à sa réalité. Ces textes cités plus haut sont expliqués ailleurs dans ce livre.

8. Mise au point

Nous avons décidé de faire cette mise au point pour élucider une question qui revient régulièrement concernant notre statut réel. Un chrétien, est-il un pécheur ou un pécheur justifié? La bible va répondre à ce sujet épineux qui fait partie de notre quotidien. D'abord, considérons ce texte de Romains chapitre 3, versets 23 et 24: « Car tous ont péché et sont privés de la gloire de Dieu; et ils sont gratuitement justifiés par sa grâce, par le moyen de la rédemption qui est en Jésus-Christ ». Nous devons remarquer que ces deux versets forment une seule phrase, si l'on considère la première partie uniquement; l'idée de l'auteur sera incomplète et utilisée hors contexte. Paul s'exprime dans un contexte où les Juifs ne comprenaient pas si Jésus était venu aussi mourir pour les païens. Il voulait démontrer que les Juifs comme les païens sont des fils d'Adam; par conséquent, ils ont tous besoin du salut.

Il y a d'autres textes qui sont révélateurs sur notre vrai statut en tant que chrétiens. Prenons Jean 3:6 « Ce qui est né de la chair est chair, ce qui est né de l'Esprit est esprit ». Jésus disait à Nicodème comme à nous : Nous avons Adam pour père, il est charnel nous sommes aussi charnels. Pour devenir enfants de Dieu, nous avons besoin de recevoir un nouvelle naissance qui vient de Dieu ou du Saint Esprit. Jésus a mis beaucoup d'emphase sur l'importance de cette nouvelle naissance pour tous ceux veulent faire partie de son royaume, qui est maintenant dans sa phase strictement spirituel. Il ne parlait pas d'une nouvelle naissance qui viendra à son retour. Celle-ci s'inscrit dans le cadre de notre préparation spirituelle, en tant que fiancée, en prévision de son retour. Les chapitres 6:3-4 de Romains, montre que nous appartenons maintenant à Dieu, nous sommes appelés à marcher en nouveauté de vie. « Ignorez-vous que nous tous qui avons été baptisés en Jésus Christ, c'est en sa mort que nous avons été baptisés? Nous avons donc été ensevelis avec lui par le baptême en sa mort, afin que, comme Christ est ressuscité des morts par la gloire du Père, de même nous aussi nous marchions en nouveauté de vie ». Donc, le pécheur est celui qui est encore en Adam; celui qui est en Jésus-

Chapitre 5   Un péché contagieux

Christ est un pécheur justifié. La parole de Dieu nous fait l'obligation de fixer un haut degré de sanctification et de consécration, pour faciliter notre développement spirituel. Si nous présentons un bon modèle, cela pourrait aider d'autres dans leurs démarches. Hébreux 12:13, « Préparez pour vos pieds des pistes droites, afin que ce qui est boiteux ne se torde pas davantage, mais plutôt guérisse (voir Jean 12:36; 1 Thes.5:5; Romains 6:7,14; Jérémie 31:30; Ézéchiel 18:20) ».

Chapitre 6
Mourir à la loi

1. Le rôle de la loi de Dieu

La loi joue le même rôle qu'un miroir qui peut nous montrer l'état de nos visages. Elle nous permet de reconnaître notre état de péché. À la suite de ce constat, la réaction normale de l'homme serait de se procurer de l'eau pour nettoyer le visage. Celle-ci serait la justification réparatrice que le croyant peut recevoir du Rédempteur. C'est pourquoi, quelqu'un qui ignore la loi divine, n'est pas tout à fait conscient de son état, et de tous ses comportements répréhensibles. La loi est là pour servir de balises au peuple de Dieu, lui permettant de cheminer dans la voie du salut, en évitant toute errance qui perdurerait. « Que dirons-nous donc? La loi est-elle péché? Loin de là! Mais je n'ai connu le péché que par la loi. Car je n'aurais pas connu la convoitise, si la loi n'eût dit: Tu ne convoiteras point. Et le péché, saisissant l'occasion, produisit en moi par le commandement toutes sortes de convoitises; car sans loi le péché est mort. Pour moi, étant autrefois sans loi, je vivais; mais quand le commandement vint, le péché reprit vie, et moi je mourus. Ainsi, le commandement qui conduit à la vie se trouva pour moi conduire à la mort. Car le péché saisissant l'occasion, me séduisit par le commandement, et par lui me fit mourir. La loi donc

Chapitre 6 Mourir à la loi

est sainte, et le commandement est saint, juste et bon. Ce qui est bon a-t-il donc été pour moi une cause de mort? Loin de là! Mais c'est le péché, afin qu'il se manifestât comme péché en me donnant la mort par ce qui est bon, et que, par le commandement, il devînt condamnable au plus haut point », Romains 7:7-13.

La parole de Dieu est l'expression de son caractère axé sur l'amour. L'Éternel ne change pas. Il est le même hier, aujourd'hui et éternellement; c'est sa révélation qui progresse en fonction de son plan du salut et du développement spirituel de l'homme. La loi n'avait pas pour but de nous sauver, elle devait être un miroir et un guide, pouvant amener chaque croyant à Christ. Ainsi, elle doit éveiller notre conscience sur la nécessité d'avoir un Sauveur. « Ainsi, la loi a été comme un pédagogue pour nous conduire à Christ, afin que nous fussions justifiés par la foi », Galates 3:24. En tant que pédagogue, elle nous indique la voie à suivre pour contribuer à notre affranchissement de l'esclavage du péché. « Car, Christ est la fin de la loi, pour la justification de tous ceux qui croient », Romains 10:4. Jésus est la fin de la loi, veut dire d'après le chapitre 7 des épîtres aux Romains, que celui qui a rencontré Christ, et qui aura subi la mort du vieil homme en développant une solide relation d'amitié avec lui, sera dirigé par le Saint Esprit, (voir les versets 4-6). Celui qui est dirigé par l'Esprit ne peut pas être pris en défaut par la loi, parce qu'il ne pécherait plus 1 Jean 3:6. Si l'on ne pèche pas c'est comme si la loi est inexistante. Il est nécessaire de faire une mise au point pour éviter la mésinterprétation. L'idée qui se dégage de 1 Jean 3:6, c'est que le chrétien doit être en marche continuelle vers la perfection; et l'occasion pour pécher dans sa vie doit devenir de plus en plus rare. Il est clair, nous ne pouvons pas pécher pendant le temps où le Saint Esprit nous dirige. Les chrétiens sont en marche dans une nouvelle création qui passe par le dépouillement de l'homme charnel, jusqu'à la transmutation complète au retour du Christ. Mais, cette démarche a déjà pris son essor avec la mort et la résurrection de Jésus-Christ. Dans les régions où les habitants mènent une vie plus paisible, on peut facilement rencontrer des gens qui ont vécu toute leur vie sans jamais franchir les portes des tribunaux, ni avoir à payer des contraventions policières. Pour l'Apôtre Paul, celui qui entre dans une relation de cep et de sarment avec Jésus et devient une même plante avec lui, demeure en Jésus, et Jésus demeure aussi en lui par le Saint Esprit.

> *Les chrétiens sont en marche dans une nouvelle création qui passe par le dépouillement de l'homme charnel, jusqu'à la transmutation complète au retour du Christ.*

2. La loi et le déroulement du plan du salut

David BIVIN et Roy BLIZZARD Jr, dans leur livre, « comprendre les mots difficiles de Jésus » analysent la signification des thèmes : abolir, accomplir, à partir du contexte et de la réalité linguistique où Jésus-Christ évoluait, en lien avec le texte de Matthieu 5:17-20. Certaines versions bibliques utilisent les mots: abolir, abroger, détruire, comme synonymes. « Ces Auteurs, pour élucider ce texte, ont transféré le grec dans un contexte hébraïque. Ils ont rapporté qu'en hébreu, l'idiome « Je suis venu » signifie une intention, un objectif. Donc, Jésus était venu avec l'intention de compléter la loi, au lieu de l'abolir ». De ce fait, la vision divine de la loi a atteint son plus haut point de révélation avec la nouvelle alliance. Nous sommes toujours dans le cadre de la progression de la révélation de Dieu. « Détruire et accomplir sont des thèmes techniques que les Rabbins utilisaient, pour argumenter. Si l'un d'entre eux avait trouvé que l'un de ses collègues avait mal interprété un passage de l'écriture, il aurait dit à son collègue que : Tu détruis la loi. » Alors, Jésus voulait dire qu'il n'était pas venu pour donner une mauvaise interprétation à la loi, ou de la détruire par de fausses interprétations. Pour être conforme à la progression de sa révélation, Jésus a voulu, à un certain moment qu'elle soit imprégnée dans nos cœurs, dans notre être; qu'elle en fasse partie intégrante, et que nos actions en soient le résultat.

« Car devant Dieu il n'y a point d'acception de personnes. Tous ceux qui ont péché sans la loi périront aussi sans la loi, et tous ceux qui ont péché avec la loi seront jugés par la loi. Ce ne sont pas, en effet, ceux qui écoutent la loi qui sont justes devant Dieu, mais ce sont ceux qui la mettent en pratique qui seront justifiés. Quand les païens, qui n'ont point la loi, font naturellement ce que prescrit la loi, ils sont, eux qui n'ont point la loi, une loi pour eux-mêmes; ils montrent que l'œuvre de la loi est écrite dans leurs cœurs, leur conscience en rendant témoignage, et leurs pensées s'accusant ou se défendant tour à tour », Romains 2:11-15. L'Éternel est un Dieu juste, ses critères de jugement sont inscrits dans sa parole. Quand la loi est inscrite effectivement dans nos cœurs, nous ne sommes plus sous la loi; parce qu'elle est imprimée dans notre nature, elle nous permet de bien agir de façon naturelle. Il est bien dit dans le texte que ce qui importe, ce n'est pas la connaissance de la loi, mais son application. Alors, pratiquer le bien reste la voie que le chrétien doit suivre, pour cheminer vers la vie éternelle.

3. Sommes-nous sous la loi, selon Paul?

« Car le péché n'aura point de pouvoir sur vous, puisque vous êtes, non sous la loi, mais sous la grâce, Romains 6:14 »

Certains thèmes se répètent parce qu'il y a un lien étroit entre le baptême, la mort du vieil homme, la mort au péché, et la nouvelle naissance. Notre engagement à Dieu dans les eaux baptismales, au nom du père, du Fils et du Saint Esprit; c'est un engagement pour suivre Jésus jusqu'à la mort du vieil homme et la nouvelle naissance. Les versets 1 à 6 du chapitre 7 des épîtres aux Romains ainsi que le versets 3 à 7 du chapitre 6, expliquent très clairement que c'est la mort de l'homme charnel qui soustrait le croyant de l'emprise de la loi. Le chapitre 7 utilise une analogie tirée d'une relation conjugale. Ce sujet revêt d'une grande importance et mérite d'être étudié avec soin, pour pouvoir bien le comprendre, étant donné que le chapitre 7 explique une vérité un peu complexe, en utilisant une analogie familière. Quelle que soit l'époque où elle a été promulguée, la loi de Dieu entre dans le cadre d'un processus d'apprentissage graduel, en vue d'un développement spirituel progressif. Dans le chapitre 2 d'Ézéchiel, l'Ange a permis à Ézéchiel de prendre connaissance du contenu du rouleau avant de le manger. C'est comme connaître la loi, la mémoriser, avant de l'intégrer complètement. Je ne crois pas que Dieu ait l'intention d'imprimer miraculeusement sa loi dans le cœur de chaque nouveau croyant sans que ce dernier ait la possibilité de prendre connaissance de son contenu. On fait référence ici à l'ancienne alliance conclue en Exode au chapitre 19:5-8, et expliquée en Exode 34: 27-28; Deutéronome 4: 13,14. La nouvelle alliance est rapportée par Jérémie au chapitre 31, verset 33,34; Jérémie 32:38-40; et par Ézéchiel au chapitre 16: 60-62; 34:25-31. La nouvelle alliance est expliquée par Paul dans Hébreux 8: 6-13; 9:15-28; 10: 11-18; 12:22-24. L'Éternel a dit dans Jérémie 31 verset

33 : « Je mettrai ma loi au dedans d'eux, je l'écrirai dans leur cœur ». C'est une étape très avancée dans le développement du plan du salut qui requiert de la part du chrétien une croissance spirituelle exceptionnelle.

Le but de la loi c'était de montrer la présence du péché. Elle a mis l'homme devant une évidence, sa situation de péché est si grave, qu'il a besoin d'un Sauveur. Étant conscient de son état, il cherche à rencontrer ce Sauveur. C'est pourquoi, après un discours de Pierre, Actes 2:37,38; qui étalait la situation de culpabilité de ses auditeurs, ces derniers demandaient : « que devons-nous faire? Pierre a répondu: Repentez-vous et que chacun de vous soit baptisé, au nom de Jésus-Christ, pour le pardon de vos péchés ». Alors, Dieu ne voulant pas agir par contrainte, mais par l'enseignement de sa parole, Il suscite dans le cœur de l'homme le besoin de faire un pas vers Jésus-Christ, afin qu'il soit justifié par la foi, par le moyen de la rédemption. Nous comprenons que la grâce divine devient plus évidente qu'à partir de la mort et de la résurrection de Jésus-Christ, dans le sens qu'un péché ne conduit pas directement à un verdict de mort physique, comme ce fut le cas, certaines fois, dans l'Ancien Testament. Nous avons toujours la possibilité de nous reprendre, à moins que nous fassions une action dont la gravité mérite aux yeux de Dieu une sentence comparable à celle d'Amalek (Exode 17:14). Ainsi, pour nous libérer de l'emprise du péché, la mort du corps physique est substituée par la mort du vieil homme, par le moyen du baptême et de l'œuvre subséquente du Saint Esprit dans la vie de chaque chrétien authentique. Avant la venue de Jésus, il n'y avait pas d'issue pour sortir de l'emprise du péché; maintenant, grâce au miracle de la rédemption, il est possible de détruire l'homme charnel qui est la demeure du péché (Romains 6:6; Éphésiens 2:3; Galates 5:24-26). Selon ce que l'Apôtre a expliqué dans Romains au chapitre 7, aussi longtemps que notre homme charnel occupe plus de place dans notre vie et qu'il nous pousse à pécher, la loi peut nous accuser, parce que nous sommes encore sous sa juridiction.

4. Mort au péché et vivant pour Dieu en Christ

L'Éternel, dans sa souveraineté, selon sa justice, en tant que Créateur et pourvoyeur de toutes choses, avait décidé que le salaire du péché soit la mort (Genèse 2:17; Rom.6:23). Donc, il y a un prix à payer pour le péché et sa destruction. Comme il doit rester fidèle à ses principes tout en étant un Dieu d'amour, plein de bonté et de miséricorde; Il a envoyé son Fils, Jésus-Christ, mourir pour tous les humains sans aucune distinction.

Chapitre 6 Mourir à la loi

Quel que soit son rang social, quel que soit son état de dépravation ou de chasteté, chacun a la possibilité de se voir justifié, s'il accepte le Christ comme son Seigneur et Sauveur personnel, Jean 3:16

Je pense que la question n'est pas de considérer que l'on est sous la loi ou non, il serait préférable de se demander dans quel niveau ou quelle étape sommes-nous dans notre course chrétienne? Je dis cela parce que la deuxième alliance est tout simplement une étape plus avancée que la première. La loi ne sera plus sur les tables de pierre, exposée aux yeux de tous, elle sera inscrite personnellement dans le cœur de chacun. Chaque croyant aura sa responsabilité devant Dieu. Il y a une information subtile dans Romains chapitre sept, versets 1-6. « Ignorez-vous, frères, car je parle à des gens qui connaissent la loi, que 'la loi exerce son pouvoir sur l'homme aussi longtemps qu'il vit?' Cela veut dire que: la loi peut accuser l'homme s'il ne meurt pas. Ainsi, une femme mariée est liée par la loi à son mari tant qu'il est vivant; mais si le mari meurt, elle est dégagée de la loi qui la liait à son mari. Si donc, du vivant de son mari, elle devient la femme d'un autre homme, elle sera appelée adultère; mais si le mari meurt, elle est affranchie de la loi, de sorte qu'elle n'est point adultère en devenant la femme d'un autre. De même, mes frères, vous aussi vous avez été, par le corps de Christ, mis à mort en ce qui concerne la loi, pour que vous apparteniez à un autre, à celui qui est ressuscité des morts, afin que nous portions des fruits pour Dieu. Car, lorsque nous étions dans la chair, les passions des péchés provoquées par la loi agissaient dans nos membres, de sorte que nous portions des fruits pour la mort. Mais maintenant, nous avons été dégagés de la loi, étant morts à cette loi sous laquelle nous étions retenus, de sorte que nous servons dans un esprit nouveau, et non selon la lettre qui a vieilli ». Donc, nous devons avoir une approche plus spirituelle de la loi. Celle-ci devrait nous guider plus facilement, grâce à notre nouvelle nature acquise en Christ, s'exprimant par un amour sincère pour Dieu et notre prochain.

« Car, l'affection de la chair est inimitié contre Dieu, parce qu'elle ne se soumet pas à la loi de Dieu, et qu'elle ne le peut même pas. Or ceux qui vivent selon la chair ne sauraient plaire à Dieu. Pour vous, vous ne vivez pas selon la chair, mais selon l'Esprit, si du moins l'Esprit de Dieu habite en vous. Si quelqu'un n'a pas l'Esprit de Christ, il ne lui appartient Pas ». Romains 8:7-9. Nous avons parlé de la mort du vieil homme. Il doit mourir, parce qu'il est inutile pour Dieu. « Nous qui sommes morts au péchés, comment vivrions-nous encore dans le péché »? Romains 6:2. La mort au péché, c'est la mort du vieil homme qui annule en nous le péché; parce que ce dernier y fait sa demeure. Donc, si le Saint Esprit détruit peu à peu l'homme charnel, la mort au péché s'en suit progressivement, (voir Romains 6:7,11).

5. Comment libérer de l'emprise de la loi, selon Paul

Aux versets 1 à 3 de Romains 7, Paul compare la loi à un mari qui détient un pouvoir sur sa femme aussi longtemps qu'elle vit. Pour se soustraire du pouvoir de son mari, la femme qui dans ce cas représente l'homme ou le croyant, doit mourir. Le mot verset 2 du chapitre 7 commence ainsi : par exemple, dans certaines versions françaises et anglaises. Paul a pris en comparaison la relation entre un homme et une femme mariés pour expliquer le rapport entre la loi et le croyant. Comme il s'est dit au verset 2, si le croyant n'est pas mort; il est toujours sous l'autorité de la loi, parce qu'il va continuer à pécher et la loi sera toujours là pour l'accuser. Mais si le mari (la loi) meurt, la femme (l'homme) est libérée, v3. Il en est de même, ou c'est la même chose pour vous mes frères (v4), vous avez été mis à mort, par le corps de Christ, en ce qui concerne la loi, pour vous appartenir à celui qui est ressuscité des morts; afin que nous portions des fruits pour Dieu. Le verset quatre commence avec un thème qui exprime une comparaison, un parallèle, entre une situation familière de la vie humaine et une autre qui a une portée spirituelle. Paul a emprunté ce style de Jésus-Christ, pour aider ses auditeurs et lecteurs à découvrir une vérité voilée. Pour comprendre ce que l'Apôtre veut nous dire, prenons le verset 4 dans la bible Semeur. « Il en est de même pour vous mes frères : par la mort de Christ, vous êtes vous aussi, morts par rapport à la Loi, pour appartenir à un autre, celui qui est ressuscité des morts, pour que nous portions des fruits pour Dieu ». La complexité de Romains 7 vient du fait qu'au début, la loi est comparée à un mari qui détient l'autorité sur sa femme qui représente le croyant. Mais, au verset 4, Paul a fait comprendre que c'est le croyant qui représentait la femme, qui doit mourir, s'il veut appartenir à Jésus-Christ. Donc, Dieu le Père nous a unis à Christ, de telle sorte que notre mort du vieil homme est associée à sa mort qui Lui a permis de se débarrasser de notre humanité. De même qu'Il est ressuscité dans une vie nouvelle, nous aussi nous sommes appelés à être ressuscité en esprit et naître de nouveau, pour mener une vie nouvelle en Jésus-Christ.

On a parlé précédemment du mari (la loi) qui devrait mourir, mais étant donné que le mari représente la loi; cela veut dire que c'est la femme

Chapitre 6 Mourir à la loi

qui représente le croyant qui doit mourir pour se dégager de l'autorité du premier mari que représente la loi. C'est une des difficultés qui peut nuire à la compréhension du chapitre 7. À l'instar de Christ dont la résurrection suit la mort, la nouvelle naissance se succédera à la mort de l'homme charnel. Maintenant, cette créature nouvellement créée par le travail progressif du Saint Esprit est apte à vivre selon ses directives, (voir prophétie Ézéchiel 36: 26, 27). Cela veut dire quand le vieil homme ou l'homme charnel du croyant est mort, ce dernier peut vivre selon l'Esprit. Quand des tentations extérieures viennent pour susciter en lui la volonté de faire et d'agir, étant donné que son vieil homme est mort, il est resté passif face aux incitations, aux tentations, aux provocations; parce que la source du péché est détruite. C'est ce qui est expliqué dans Romains sept, aux versets quatre à six. Laissez-moi ouvrir une parenthèse sur un sujet qu'on va développer plus tard. « Nous avons été mis à mort par le corps de Jésus-Christ », parce que lors de notre baptême nous avons participer à sa mort par la foi (Romains 6:6). Tout cela est possible, parce que notre Père Céleste nous avait introduit dans la personne (dans le corps) de Jésus-Christ au moment où il est passé dans les entrailles de Marie. La mort du corps de Jésus à laquelle nous avons participé, va rendre possible la mort de notre vieil homme à partir de nos expériences personnelles et l'œuvre du Saint Esprit (voir 1 Pierre 4:1,2).

C'est pourquoi, l'Apôtre a conclu que: (Romains 6:14) « le péché n'aura point de pouvoir sur vous, puisque vous êtes, non sous la loi, mais sous la grâce ». Donc, la mort de Jésus-Christ pour l'humanité permet à ce que la mort de l'homme charnel soit le prix à payer par le pécheur pour réduire l'influence de la chair dans sa vie. Sous la nouvelle alliance, le vieil homme de chaque chrétien est appelé à détruire pour que ce dernier parvienne à marcher selon

Son vieil homme est mort, il est resté passif face aux incitations, aux tentations, aux provocations; parce que la source du péché est détruite.

l'Esprit. Cela doit se faire en conformité avec la loi divine qui est censée imprégnée dans la nature de chaque vrai croyant. Donc, nos agissements donneront la preuve, si oui ou non les préceptes divins sont réellement inscrits dans nos cœurs. Paul a aussi dit que « la foi n'annule pas la loi, au contraire, elle la confirme », Romains 3:31. Il est vrai que le chrétien est justifié par la foi, chaque nouveau croyant doit passer dans ce processus d'éducation et de compréhension de la loi qui conduit à Christ, jusqu'à ce qu'il subisse la mort du vieil homme pour se soustraire de la possibilité d'être trop souvent accusé par la loi.

Dans 1 Corinthiens 15:45, 47, Paul appelle Jésus-Christ le « second Adam »; nous savons qu'Adam est le père de toute la race humaine, c'est pourquoi son péché est devenu notre péché. Selon Jean 3:3, la nature d'Adam est notre nature; donc, son péché devient nôtre. Maintenant, en tant que Fils de Dieu, nous devons sortir sous l'influence du premier Adam pour passer au second Adam. Il y a une différence entre ces deux Adam, le premier est terrestre; le second est céleste. Le premier a amené le péché avec lui; le second Adam, lui, amène la vie. Dieu a permis à Jésus-Christ de passer dans les entrailles de Marie, pour se revêtir de la nature humaine; afin de pouvoir mourir à notre place et nous sauver. « Ceux qui sont à Jésus Christ ont crucifié la chair avec ses passions et ses désirs », Galates 5:24 (voir Romains 8:3,4).

Nous pouvons déduire que selon Romains sept, la personne qui n'est pas sous la loi, est celle dont le vieil homme est détruit. Paul nous dit dans 1 Corinthiens 3:1-2, pour moi, frères, ce n'est pas comme à des hommes spirituels que je puis vous parler, mais comme à des hommes charnels, comme à des enfants en Christ. Je vous ai donné du lait, non de la nourriture solide, car vous ne pouviez pas la supporter; et vous ne le pouvez pas même à présent, parce que vous êtes trop charnels. Comparez ce texte à celui de Jésus-Christ, dans Jean 16v12,13; s'adressant aux disciples : « J'ai encore beaucoup de choses à vous dire, mais vous ne pouvez pas les porter maintenant. Quand le Consolateur sera venu, l'Esprit de vérité, il vous conduira dans toute la vérité; car il ne parlera pas de lui-même, mais il dira tout ce qu'il aura entendu, et il vous annoncera les choses à venir ». Ce texte démontre que les disciples n'avaient pas atteint la maturité nécessaire pour recevoir une révélation plus évoluée, au moment où Jésus était présent avec eux. Il leur a fallu du temps pour digérer l'enseignement de Jésus-Christ et l'approprier avec l'aide du Saint-Esprit. Ils avaient besoin du temps pour se développer. D'après Romains 7, c'est extrêmement difficile pour un nouveau croyant de dire qu'à cause de la nouvelle alliance, il est totalement libéré de la loi, même s'il n'a pas encore subi la mort de l'homme charnel et naître de

Chapitre 6 Mourir à la loi 91

nouveau pour sortir sous l'autorité de la loi. L'Éternel utilise avec nous la technique de la formation graduelle, à travers les générations, jusqu'à ce que les révélations concernant le plan du salut soient achevées. Romains 3:25, 26 « Dieu a destiné Jésus-Christ, par son sang, à être, pour ceux qui croiraient, victime propitiatoire, afin de montrer sa justice, parce qu'il avait laissé impuni les péchés commis auparavant, au temps de sa patience... » Un enfant de cinq ans, sur le plan spirituel, qui commet une erreur ne peut être traité de la même façon qu'un jeune de dix-huit ans. Ce texte pourrait sous-entendre qu'à un certain moment, Dieu a dû être très patient à l'égard des hommes pécheurs, parce qu'il était conscient que ces gens n'avaient pas tous les outils nécessaires pour vaincre le péché; étant donné que les révélations qu'ils disposaient étaient fragmentaires.

Celui qui est mort est libre du péché, selon Romains six, verset six et sept. La bible d'étude « New Living Translation », explique merveilleusement bien Romains sept. On commence le verset deux par, laisse-moi illustrer. Dans ses commentaires, on note que Paul utilise l'exemple du mariage pour expliquer notre relation avec la loi. La loi ne peut pas nous accuser, parce que, nous avons été mort avec Jésus. Depuis ce temps, nous sommes unis à Christ, et son Esprit nous rend capables de produire de bonnes œuvres pour Dieu. Par contre, la loi ne peut pas disparaître; dans Romains sept, verset sept, Paul explique qu'il « a connu le péché que par la loi. Car, il n'aurait pas connu la convoitise, si la loi n'avait pas dit : Tu ne convoiteras point ». Avant la venue de Jésus, son sang n'était pas encore versé pour le péché, la pentecôte n'avait pas encore eu lieu, afin de nous donner libre accès spirituel aux diverses bénédictions divines. Donc, les possibilités spirituelles étaient plus limitées qu'aujourd'hui.

6. Mise au point

Ceci est un ajout sur le texte qui va suivre. Pour une meilleure compréhension de la parole de Dieu, il est important de placer les textes dans leurs contextes. Si nous enlevons ce verset dans son contexte, il est certain qu'il sera interprété de façon incorrecte. L'Apôtre Paul parle de la circoncision qui n'était plus nécessaire après la mort et la résurrection de Jésus. Elle faisait partie des prescriptions cérémonielles qui furent l'ombre des choses à venir, c'est-à-dire, celles qui annonçaient le sacrifice du Christ et son ministère en notre faveur dans le sanctuaire céleste. « Vous êtes séparés de Christ, vous tous qui cherchez la justification dans la loi; vous êtes déchus de la grâce », Galates 5:4. Nous avons déjà expliqué avec des textes à l'appui que le rôle de la loi c'est de nous conduire à Christ. Quand nous parvenons avec le soutien du Saint Esprit, à établir et maintenir cette relation, où nous demeurons en Christ comme Dieu l'a déjà mis en nous; nous n'aurons plus besoin de retourner à chaque fois sur les tables de pierre pour s'enquérir du contenu de la loi. Par contre, nous reconnaissons si l'on s'applique à considérer le côté formaliste de la loi, sans chercher à développer une relation avec Jésus, on serait dans la marge. Mais, lorsque Christ est en nous, sa parole que nous étudions y sera aussi imprimée.

Jésus avait dit: L'heure vient, et elle est déjà venue, où les vrais adorateurs adoreront le Père en esprit et en vérité; car ce sont là les adorateurs que le Père demande, Jean 4:23. L'Apôtre Paul abonde dans le même sens dans Romains 7:6 « ...nous servons dans un esprit nouveau, et non selon la lettre qui a vieilli ». La barre est montée un peu plus haute avec la nouvelle alliance. Nous sommes invités à bannir le côté formaliste de l'adorations, de telle sorte que nous ayons la conscience de la présence de Dieu quand nous l'adorons. Quand nous adorons tout en ayant à l'esprit la présence réelle de Dieu, nos services seront axés sur la révérence, l'humilité, le respect.

Nous avons déjà expliqué selon les écrits de Paul, à quel moment dans sa course chrétienne, qu'un croyant n'est plus sous la loi. Mais, nous y revenons par souci d'élucider cette vérité importante qui crée un fossé dans la façon que des serviteurs chevronnés, réputés enseignent la parole.

« Que dirons-nous donc? La loi est-elle péché? Loin de là! Mais je n'ai connu le péché que par la loi. Car je n'aurais pas connu la convoitise, si la loi n'eût dit: Tu ne convoiteras point, » Romains 7:7

« La loi donc est sainte, et le commandement est saint, juste et bon, » v.12. Ici, l'Apôtre Paul fait l'éloge de la loi. Si la loi n'existait pas, nous n'aurions pas reconnu la présence du péché. Avec la nouvelle alliance, notre Père veut qu'elle soit présente dans nos cœurs, c'est-à-dire dans notre mémoire, dans notre conscience. Cela veut dire que les chrétiens jouissent de plus grandes bénédictions par rapport à leur positionnement dans le temps, au regard du développement du plan du salut. Nous pouvons déduire aussi que, sur le plan spirituel, notre Père a des attentes plus élevées à l'endroit de ses enfants.

« Que dirons-nous donc? Demeurerions-nous dans le péché, afin que la grâce abonde? Loin de là! Nous qui sommes morts au péché, comment vivrions-nous encore dans le péché? » Romains 6: 1,2. « Quoi donc!

Chapitre 6 Mourir à la loi

Pécherions-nous, parce que nous sommes, non sous la loi, mais sous la grâce? Loin de là! » Romains 6:15. À partir du verset 14, nous pouvons dire que Jésus nous a retiré sous l'emprise du péché, du même coup sous celle de la loi, pour nous placer à l'abri de la grâce. C'est à nous de vivre effectivement comme quelqu'un qui est sous la grâce telle qu'elle est décrite par l'Apôtre Paul.

« Car le péché n'aura point de pouvoir sur vous, puisque vous êtes, non sous la loi, mais sous la grâce, » Romains 6:14. « Car celui qui est mort est libre du péché, v7 ». Il est clair que le verset 7 nous dit que c'est la mort de l'homme charnel qui nous soustrait de l'autorité du péché. Le thème « le péché » est employé dans ce cas comme étant la force contraignante dans la nature humaine. « Ayant été affranchis du péché, vous êtes devenus esclaves de la justice, v18 ». Nous sommes affranchis du péché d'après Romains 6: 3-6, mais nous devons nous regarder comme morts au péché, selon le verset 11, en nous évertuant à produire des œuvres de justice pour la gloire de Dieu. En agissant ainsi par la foi, le Saint Esprit viendra nous seconder.

Nous allons considérer certains textes de Galates 5, pour compléter ce sujet. « Car toute la loi est accomplie dans une seule parole, dans celle-ci : Tu aimeras ton prochain comme toi-même », Galates 5:14. Ici, l'Apôtre Paul parle en lien avec cette déclaration de Jésus, dans Matthieu 22:37-40. Il n'a pas fait mention du premier commandement, probablement parce qu'il parlait dans un contexte strictement humain, voir v.15. Nous sommes tous d'accord, que sans l'amour pour Dieu, l'homme vit en dehors du plan du salut. « Jésus lui répondit : Tu aimeras le Seigneur, ton Dieu, de tout ton cœur, de toute ton âme, et de toute ta pensée. C'est le premier et le plus grand commandement. Et voici le second, qui lui est semblable : Tu aimeras ton prochain comme toi-même. De ces deux commandements dépendent toute la loi et les prophètes », Matthieu 22: 37-40.

Paul nous invite à marcher selon l'Esprit; car, quand nous marchons selon l'Esprit nous faisons la volonté de l'Esprit au lieu de notre volonté charnelle. « Je dis donc : Marchez selon l'Esprit, et vous n'accomplirez pas les désirs de la chair. Car la chair a des désirs contraires à ceux de l'Esprit, et l'Esprit en a de contraires à ceux de la chair; ils sont opposés entre eux, afin que vous ne fassiez point ce que vous voudriez », Galates 5:16,17. « Si vous êtes conduits par l'Esprit, vous n'êtes point sous la loi », v.18. Si nous marchons selon l'Esprit réellement, nous sommes en accord avec la loi.

Celle-ci n'a aucune raison pour nous accuser. Dans ce cas, elle est comme inexistante, parce que nous sommes sous la juridiction du Saint Esprit.

Les versets 19 à 21, nous énumèrent certains comportements répréhensibles considérés comme les œuvres de la chair. Le verset 22 nous présente une liste de comportements qui représentent le fruit de l'Esprit. Le verset 23 nous dit que la loi n'est pas en contradiction avec le fruit de l'Esprit. Le verset 24 nous vient comme une conclusion : « Ceux qui sont à Jésus Christ ont crucifié la chair avec ses passions et ses désirs ».

Chapitre 7
La Croix

1. La signification de la croix dans la vie du croyant
Dieu est souverain dans ses décisions, dans sa façon de procéder pour résoudre des problèmes humains; de plus, c'est Lui qui nous a tissés. Il connaît parfaitement de quoi nous sommes formés. C'est Lui qui a compris et décidé que c'est la croix seule secondée par le travail Saint Esprit qui peut détruire l'homme charnel et faire renaître l'esprit de l'homme.

Du temps des Prophètes, la croix fut un objet d'opprobre et de déshonneur qui symbolisait la malédiction. Personne ne voulait s'y associer, parce qu'elle était réservée pour la pendaison des voleurs notoires et des grands criminels. Elle était utilisée pour rabaisser davantage ces catégories de gens qui furent rejetés par la société et considérés comme des parias. Donc, des hommes que Jésus-Christ a créés, influencés par l'Ennemi, voulaient le mépriser et l'avilir en le clouant sur la croix. Pourtant, sa mort sur la croix l'a embellie, l'ennoblie, de telle sorte que la façon de voir la croix a changée. On retrouve des gens qui veulent s'identifier à Jésus-Christ sur la croix. Dans le temps de Pâque, certains imitent Jésus-Christ en se faisant flageller, martyriser, sur la croix.

Maintenant, des croyants sont fiers d'avoir de belles images de croix à la maison, ou de petites croix attachées au cou. La croix est devenue le chemin de la gloire, le chemin de la régénération spirituelle, le chemin de la vie. Paul l'a si bien dit dans Colossiens deux v7-11, parce que « Jésus s'est humilié jusqu'à la mort sur la croix, Dieu l'a souverainement élevé... » Ce qui veut dire que la croix précède la gloire. C'était le cas pour Jésus-Christ, il nous demande de le suivre sur cette même voie. Dans le cheminement normal du chrétien, la croix est un passage obligé. C'est comparable à un voyageur qui entre dans un pays insulaire; s'il voyage par bateau, il doit passer par le quai; s'il voyage en avion, il doit passer par l'Aéroport. Ces endroits représentent des points de contrôle stricts et incontournables. Si nous y arrivons, et que nous n'avons pas tous les documents requis, les douaniers vont nous renvoyer à notre point de départ. Nous devons rendre conformes tous nos documents, pour passer à ces endroits et accéder à l'étape suivante. Il en est de même pour la croix, chaque croyant qui scelle son alliance avec Jésus-Christ par le vœu du baptême, aura à franchir dans sa course chrétienne l'étape de la croix. La croix n'est pas tout simplement deux morceaux de bois que l'on croise, mais c'est un processus par lequel le Saint Esprit réduit progressivement le pouvoir de l'homme charnel à travers des difficultés quotidiennes de notre vie (voir Luc 9:23).

> *La croix n'est pas tout simplement deux morceaux de bois que l'on croise, mais c'est un processus par lequel le Saint Esprit réduit progressivement le pouvoir de l'homme charnel à travers des difficultés quotidiennes de notre vie.*

2. La croix, la base du christianisme

On a rapporté qu'en l'an 312 de l'ère chrétienne, Constantin eut la vision d'une croix dans le ciel, avec ces mots : « Tu vaincras par ce signe ». Il a adopté la croix comme l'emblème de son armée; il a connu tellement de succès avec son armée, qu'il était devenu le maître et le souverain de toute l'Europe et de l'Asie occidentale, (bible d'études Thompson page 1787, commentaire du mot Calvaire). Jésus-Christ a introduit une puissance dans ce symbolisme. Les chapitres quarante

Chapitre 7 La Croix

à quarante-deux du livre Ézéchiel rapporte la vision d'un nouveau temple. « La main de l'Éternel fut sur moi, et il me transporta dans le pays d'Israël. Il m'y transporta, dans des visions divines, et me déposa sur une montagne très élevée, où se trouvait au midi comme une ville construite. Il me conduisit là; et voici, il y avait un homme dont l'aspect était comme l'aspect de l'airain; il avait dans la main un cordeau de lin et une canne pour mesurer, et il se tenait à la porte. Cet homme me dit: Fils de l'homme, regarde de tes yeux, et écoute de tes oreilles! Applique ton attention à toutes les choses que je te montrerai, car tu as été amené ici afin que je te les montre. Fais connaître à la maison d'Israël tout ce que tu verras », Ézéchiel 40:2-4

Dans certaines versions bibliques, on a produit le plan de la base du bâtiment selon les directives divines révélées à Ézéchiel. Il est surprenant de constater que la base de l'église est cruciforme. On note dans le plan, que cette église ne représente ni le temple de Salomon, ni le temple construit après l'exil du peuple Israël. Nous pourrons aussi ajouter que la croix est entrée dans l'église seulement dans le christianisme, avec la mort de Jésus-Christ sur la croix.

Alors, cette vision prophétique voudrait nous signaler que la base de l'église de Jésus-Christ c'est la croix. Ce qui veut dire que la croix dans le christianisme est incontournable. Ce qui nous emmène à cette déclaration de Jésus-Christ où trois des quatre verbes utilisés sont à l'impératif. Luc 9:23, « Si quelqu'un veut venir après moi (me suivre), qu'il renonce à lui-même (ou qu'il se renie lui-même), qu'il se charge chaque jour de sa croix, et qu'il me suive». Si les verbes sont à l'impératif, cela veut dire, il s'agit d'un ordre ou d'une recommandation de Jésus-Christ. Luc, contrairement aux autres auteurs des évangiles, a ajouté « Chaque jour » dans son texte. Ce qui donne un indice sur le fait que la croix est un symbole qui représente les difficultés sur le chemin du croyant. On ne saurait demander à une personne de traîner une réelle croix chaque jour de sa vie. Au moment où Jésus faisait ces recommandations aux douze, ces derniers pensaient tout de suite à la mort; parce que l'image qui était associée à la croix de Jésus était sa mort, et nous pouvons les comprendre. La grande majorité des douze disciples ont suivi Jésus en martyre, à cause de la prédication de l'évangile. Mais, la croix avait aussi une autre portée, celle d'amener chaque croyant à la mort de son vieil homme, en vue de le rendre apte à communier avec Dieu. Si la croix ne faisait pas référence à la manière de suivre Jésus, dans le sens de renoncement de soi et de la mort du vieil homme; la grande majorité des chrétiens qui succédaient le grand mouvement apostolique n'auraient rien à voir avec la croix; puisqu'ils n'ont pas pu dans leur vie, expérimenter la persécution à cause de la prédication de l'évangile. Nous avons vu la relation qui existe entre la mort de l'homme charnel et le baptême par immersion dont l'ordre et l'exemple ont été donnés par Jésus-Christ, dans Mathieu 28:19, «Allez, faites de toutes les nations des disciples, les baptisant au nom du Père, du Fils, et du Saint-Esprit».

Ce baptême au nom du Père, du Fils, et du Saint-Esprit; nous donne droit à la justification par le sang de Jésus. Il nous donne droit de participer à la nature divine. Il nous donne droit à la présence du Saint-Esprit en nous; mais il donne droit aussi à Dieu, en la personne du Saint-Esprit, d'intervenir dans notre vie pour apporter les correctifs nécessaires afin que ses bénédictions prennent place en nous.

3. Le rôle de la croix ou les difficultés

Le rôle de la croix c'est d'affaiblir l'emprise de l'homme charnel pour permettre à l'esprit de l'homme de prendre le dessus. Elle a pour but de produire une transformation spirituelle viable dans la vie du croyant. Dans l'homme non-régénéré, c'est le vieil homme qui prend le dessus. C'est ce que l'Éternel voulait dire dans Genèse six verset trois : «…l'homme n'est que chair…», au verset cinq, l'Éternel ajouta : « Je vis que la méchanceté des hommes était grande sur la terre, et que toutes les pensées de leur cœur se portaient chaque jour uniquement vers le mal ». Un peu plus loin, dans Genèse huit verset vingt-et-un, l'Éternel dira que les pensées du cœur de l'homme sont mauvaises dès sa jeunesse. Au début de ce paragraphe, nous avons pris soins de choisir le verbe s'estomper, parce que nous comprenons que c'est au moment de notre transmutation que nous perdrons de façon intégrale et définitive notre vieil homme. Mais, les difficultés rencontrées dans notre course chrétienne sont appelées à discipliner et à corriger les déviations répréhensibles de nos émotions naturelles et spontanées. Paul, dans son épître aux Romains, explique pourquoi Dieu cherche à faire mourir la chair. Romains 8:3,7. «…Dieu a condamné le péché dans la chair, en envoyant, à cause du péché, son propre Fils dans une chair semblable à celle du péché. L'affection de la chair est inimitié (hostile) contre Dieu, parce qu'elle ne se soumet pas à la loi de Dieu, et qu'elle ne le peut même pas. » L'Éternel en faisant passer Jésus-Christ dans le sein de Marie, a introduit toute la race humaine en

Chapitre 7 La Croix

Jésus-Christ; pour ensuite par sa mort condamner le péché dans la chair. C'est en ce sens que Paul, dans 1 Corinthiens 15:47, a appelé « Jésus-Christ, un second Adam qui vient du ciel ». Le péché est condamné dans la chair, Jésus-Christ a subi une mort physique; mais nous les croyants, pour devenir conforme à la réalité de la mort de Jésus, nous devons subir la mort de l'homme charnel. C'est à ce moment que nous serons né de nouveau, pour devenir conforme à la réalité où Jésus est ressuscité dans une nouvelle vie, (voir Romains 6: 4,5).

« Que dirons-nous donc? Demeurerions-nous dans le péché, afin que la grâce abonde? Loin de là! Nous qui sommes morts au péché, comment vivrions-nous encore dans le péché? Ignorez-vous que nous tous qui avons été baptisés en Jésus Christ, c'est en sa mort que nous avons été baptisés? Nous avons donc été ensevelis avec lui par le baptême en sa mort, afin que, comme Christ est ressuscité des morts par la gloire du Père, de même nous aussi nous marchions en nouveauté de vie. En effet, si nous sommes devenus une même plante avec lui par la conformité à sa mort, nous le serons aussi par la conformité à sa résurrection, sachant que notre vieil homme a été crucifié avec lui, afin que le corps du péché fût détruit, pour que nous ne soyons plus esclaves du péché; car celui qui est mort est libre du péché. Or, si nous sommes morts avec Christ, nous croyons que nous vivrons aussi avec lui, sachant que Christ ressuscité des morts ne meurt plus; la mort n'a plus de pouvoir sur lui. Car il est mort, et c'est pour le péché qu'il est mort une fois pour toutes; il est revenu à la vie, et c'est pour Dieu qu'il vit. Ainsi vous-mêmes, regardez-vous comme morts au péché, et comme vivants pour Dieu en Jésus Christ. Que le péché ne règne donc point dans votre corps mortel, et n'obéissez pas à ses convoitises. Ne livrez pas vos membres au péché, comme des instruments d'iniquité; mais donnez-vous vous-mêmes à Dieu, comme étant vivants de morts que vous étiez, et offrez à Dieu vos membres, comme des instruments de justice ». Romains 6:1-13

Dans le reste du chapitre six, Paul a démontré comment le péché est un empire qui gouverne nos membres. Mais dans le texte ci-dessus, il a dit que nous ne pouvons pas demeurer dans le péché; étant donné que nous avons été baptisés au nom de Jésus-Christ. Comme Dieu nous avait mis dans Jésus-Christ, notre baptême était fait en relation avec la mort de Jésus-Christ. Donc, lors de notre baptême, notre corps charnel a été enseveli, enterré en relation avec la mort de Jésus-Christ.

Une question importante, comment cette réalité va prendre place dans la vie du croyant? Eh bien, le Saint-Esprit a pour tâche de produire cette transformation dans notre vie de façon progressive, tout en passant par des étapes décisives, comme le baptême par immersion, le baptême du Saint-Esprit, la mort du vieil homme, la nouvelle naissance, etc. Nous aimerions ajouter une chose très importante, en vue de donner dans ce livre des pistes de solution. Pour que cette transformation soit possible, il faut que le croyant, en dépit des difficultés rencontrées sur son chemin, reste dans la volonté de Dieu. Cela veut dire qu'il ne doit pas devant une difficulté, chercher à prendre un raccourci qui est contraire à la volonté de Dieu. Dans ces situations difficiles, il est préférable de chercher Dieu par la prière.

Le vœu de Dieu, c'est de détruire le vieil homme qui met notre esprit dans une prison et l'empêche de communiquer avec Lui; « car Dieu est Esprit, ceux qui l'adorent doivent l'adorer en esprit et en vérité », Jean 4:24. Donc, Dieu a envoyé le Saint-Esprit à la rescousse de notre esprit, en vue de lui donner une nouvelle naissance, en le libérant de la tutelle de l'homme charnel qui est voué à la destruction, (voir Jean 3:6b; 2 Corinthiens 4:16).

L'apôtre Pierre, lui aussi, abonde dans le même sens que Paul, en parlant du rôle de la croix ou de la souffrance dans le processus de la mort du vieil homme et de la nouvelle naissance dans la vie de chaque croyant. « Christ aussi a souffert une fois pour les péchés, lui juste pour des injustes, afin de nous amener à Dieu, ayant été mis à mort quant à la chair, mais ayant été rendu vivant quant à l'Esprit; 1 Pierre 3:18. Ainsi donc, Christ ayant souffert dans la chair, vous aussi armez-vous de la même pensée. Car celui qui a souffert dans la chair en a fini avec le péché, afin de vivre, non plus selon les convoitises des hommes, mais selon la volonté de Dieu, pendant le temps qui lui reste à vivre dans la chair »; 1 Pierre 4:1,2. Le texte est clair, Christ était mort quant à la chair et est ressuscité quant à l'Esprit. Nous avons été appelés pour suivre ce même modèle. La chair doit souffrir pour qu'elle soit morte au péché, ont dit Pierre et Paul. Dieu a décidé de résoudre le problème du péché par la souffrance de la chair. Le rôle de la croix ou les difficultés c'est de produire la destruction de l'homme charnel.

> *Dieu a décidé de résoudre le problème du péché par la souffrance de la chair.*

Une fois que le pouvoir de l'homme charnel diminue, le croyant pourra vivre selon l'Esprit. Notre Père remet au Saint Esprit ce travail laborieux, d'après Jean 3:6b. Pour mieux comprendre cette démarche, analysons 2 Corinthiens 4:8-12; « Nous sommes pressés de toute manière, mais non réduits à l'extrémité; dans la détresse, mais non dans le désespoir; persécutés, mais non abandonnés; abattus, mais non perdus; portant toujours avec nous dans notre corps la mort de Jésus, afin que la vie de Jésus soit aussi manifestée dans notre corps. Car nous qui vivons, nous sommes sans cesse livrés à la mort à cause de Jésus, afin que la vie de Jésus soit aussi manifestée dans notre chair mortelle. Ainsi la mort agit en nous, et la vie agit en vous ». La bible du N-T, interlinéaire grec/français, dans la phrase: portant toujours avec nous dans notre corps la mort de Jésus, traduit la mort par agonie. Ce qui voudrait dire que notre corps est en train de subir une mort lente de l'homme charnel. Étant donné que nous avons été baptisés en relation avec la mort et la résurrection de Jésus-Christ (Romains 6:3-6), nous devons mener une vie chrétienne en conformité avec celle de Jésus que le Saint Esprit œuvre à implanter en nous. Le processus de la mort de l'homme charnel correspond à la progression de la résurrection spirituelle, ou à la nouvelle naissance du croyant.

4. Supporter sa croix pour suivre Jésus

Nous avons pris soins d'expliquer que pour les contemporains de Jésus-Christ, la croix fut un objet d'humiliation. Et elle a été un passage vers la mort, une mort qui était à première vue physique. Mais, dans l'épître aux Romains, l'apôtre Paul a bien expliqué le sens réel de la croix. La croix doit conduire à la mort du vieil homme. Ce qui signifie que la croix est le lot de chaque croyant qui décide de suivre Jésus-Christ. Quelle que soit l'époque ou le temps,« le croyant qui veut suivre Jésus, est dans l'obligation de renoncer à lui-même, de se charger de sa croix, afin de pouvoir le suivre », selon Luc chapitre neuf, verset 23.

Quand j'allais avoir mon premier enfant, j'étais très excité. Je faisais tous les préparatifs nécessaires dans l'attente de ce nouveau-né. Le moment attendu est arrivé, le bébé est né. Ma joie fut grande jusqu'au moment où j'ai découvert que l'enfant est atteint d'une maladie incurable. À cette époque, comme tout jeune adulte, je voyais la vie en rose; jusqu'au jour de ma grande déception. C'est à partir de ce moment que ma vie chrétienne a pris une autre tournure. J'étais dégonflé comme un vrai ballon, et mes pieds sont revenus sur la terre ferme. J'étais vraiment dans le désert, il n'y avait personne qui pouvait nous aider. Le médecin, l'argent, les amis, ne pouvaient rien. À certains moments, l'incompréhension était là autour de moi, pour augmenter ma souffrance. Je n'avais pas toutes les ressources spirituelles que j'ai maintenant pour affronter cette difficulté. Ce fut pour moi un énorme fardeau. C'est à ce moment que j'ai commencé à me rendre sur la montagne pour rechercher la présence de Dieu. J'ai dû prendre congé de mon travail pendant un certain temps, et partir dans un endroit pour me consacrer à la prière. En prenant cette voie, l'éternel m'a envoyé plusieurs messages pour m'éclairer sur ce qui était arrivé et sur ce qui allait arriver. Le message le plus explicite me fut transmis par une collègue de travail qui n'était pas une chrétienne pratiquante. Cette expérience fut une partie importante de ma croix, et j'ai dû la porter et la supporter; car, il n'y avait aucun raccourci à prendre. Ce n'est qu'après quelques années, quand j'ai commencé à comprendre le plan d'amour de Dieu pour ses enfants que j'ai compris partiellement pourquoi Dieu a permis certaines situations dans nos vies. Parfois même, Il nous montre que le danger était bien là, qu'on aurait dû mourir; mais sa toute-puissance nous protège. Ces expériences personnelles ont pour but d'augmenter notre confiance en lui, et contribuer à développer davantage notre relation avec lui.

Aucun d'entre nous n'aime se retrouver dans des situations difficiles. Je ne sais pas pour vous; moi-même, quand je vais aux études je n'aimerais pas rencontrer des difficultés. Au travail, je souhaite passer une journée agréable. À l'église, j'aspire au bonheur. Pourtant, nous sommes souvent déçus, contrariés, dans nos projets, dans nos entreprises. Nous n'étions pas préparés pour un échec, pour un refus, pour une déception, une humiliation, une injure. Pourtant, nous devrions accepter cette croix de la souffrance dans le calme et le recueillement, comme un bienfait de Dieu. Souvent une situation inattendue arrive; provoque un conflit avec notre caractère dominant, et gâche notre journée. S'il s'agit de quelque chose à laquelle nous nous tenons, nous sommes obligés de recommencer. C'est ainsi que notre patience, notre sagesse, se développent. Quand une montagne de difficultés se présente devant le croyant qui veut rester attacher à Jésus, il n'aura pas d'autre choix de s'accrocher davantage puisqu'il est incapable de s'en sortir seul. « Aucune tentation ne vous est survenue qui n'ait été humaine, et Dieu, qui est fidèle, ne permettra pas que vous soyez tentés au delà de vos forces ; mais avec la tentation il préparera aussi le moyen d'en sortir, afin que vous puissiez la supporter », 1 Corinthiens 10:13. Par exemple, si un croyant est autoritaire, colérique, orgueilleux, son Père céleste dans son plan d'amour pour lui, va mettre à l'épreuve ses caractères répréhensibles pour l'aider à s'en débarrasser. Le Saint Esprit aura la responsabilité de susciter ces situations d'épreuves, jusqu'à ce que le tempérament indésirable du croyant soit transformé. De la même façon que Jésus-Christ a été humilié avant d'être glorifié, chaque croyant est appelé à rencontrer certaines difficultés pour parvenir à la mort de son homme charnel; puis ré- enfanter spirituellement, pour être enfin glorifié avec Jésus à son retour.

Notre Père céleste qui nous a créé nous connaît mieux que nous-mêmes. Il sait comment nous réagissons quand nous sommes dans l'abondance. Il connaît aussi nos réactions dans la disette, dans les difficultés, et la maladie. Il connaît ce qui peut nous amener à lui et ce qui peut nous éloigner de lui. C'est pour cette raison Il remet à son Esprit la responsabilité de nous prodiguer une éducation spirituelle progressive, en vue d'une transformation graduelle. Cette éducation est personnalisée selon les besoins de chacun. L'Apôtre Paul fut un érudit, malgré l'excellence de sa connaissance et de sa première expérience avec Jésus sur le chemin de Damas; l'Éternel l'a dû laisser passer par de multiples difficultés dans le but d'épurer son caractère et de le rendre humble. Après son entrée dans le christianisme, étant un bébé spirituel, Paul se présentait comme un homme faible dont les membres sont sous l'empire du péché. Mais, après qu'il ait été véritablement converti et transformé, il a dit dans Galates 2,20: « Je suis crucifié avec Christ; si je vis ce n'est plus moi qui vis, c'est Christ qui vit en moi », (voir 1 Corinthiens 11:1; Philippiens 3: 17; 2 Thessaloniciens 3:7-9). Si l'épître aux Romains rapporte une facette peu reluisante de sa vie, Dieu a toujours utilisé les mêmes techniques pour tous ses enfants, avec des procédés variés, pour arriver au même résultat: notre transformation spirituelle.

« Et pour que je ne sois pas enflé d'orgueil, à cause de l'excellence de ces révélations, il m'a été mis une écharde dans la chair, un ange de Satan pour me souffleter et m'empêcher de m'enorgueillir. Trois fois j'ai prié le Seigneur de l'éloigner de moi, et il m'a dit : Ma grâce te suffit, car ma puissance s'accomplit dans la faiblesse. Je me glorifierai donc bien plus volontiers de mes faiblesses, afin que la puissance de Christ repose sur moi. C'est pourquoi je me plais dans les faiblesses, dans les outrages, dans les calamités, dans les persécutions, dans les détresses, pour Christ; car, quand je suis faible, c'est alors que je suis fort », 2 Corinthiens 12:7-10. Dans les moments de difficultés, d'affliction, et de détresse, nous devons comme Paul développer des stratégies pour surmonter ces situations hostiles. Nous devons rester attacher à Jésus qui seul peut nous procurer la paix intérieure. Quand notre homme charnel diminue, nous devenons plus fort sur le plan spirituel, comme l'Apôtre Paul l'a fait remarqué. « Car nos légères afflictions du moment présent produisent pour nous, au delà de toute mesure, un poids éternel de gloire, parce que nous regardons, non point aux choses visibles, mais à celles qui sont invisibles; car les choses visibles sont passagères, et les invisibles sont éternelles », 2 Corinthiens 4:17,18. Quel que soit la difficulté à laquelle nous faisons face aujourd'hui, un instant passé dans la présence de Dieu nous fera oublier tous les souvenirs douloureux qui ont marqué notre course chrétienne.

On rapporte l'histoire de deux esclaves à qui leur maître avait demandé de porter chacun une grande croix. Les croix étaient si lourdes qu'ils pouvaient les traîner difficilement. Les deux esclaves avaient deux attitudes différentes par rapport à leurs fardeaux. Le premier se résignait à traîner sa croix sous les yeux attentifs de son maître sans connaître la raison de son sort. Le second se plaignait de la lourdeur de sa croix, et se questionnait sur les motifs de son maître. Une première fois, il demande à son maître de raccourcir sa croix. Après un autre bout de chemin, il demande une deuxième fois d'alléger sa croix, son maître répond à sa demande. Mais, un peu plus loin, les deux hommes devraient se servir de leurs croix comme pont pour traverser une rivière dangereuse. Voilà que la croix du deuxième homme devient trop courte.

Cette histoire nous démontre que les difficultés rencontrées sur notre chemin, nous préparent pour franchir des défis plus grands dans notre cheminement chrétien. Les croyants qui sont habitués à surmonter des difficultés plus grandes ou qui ont traîné une croix plus lourde, seront en mesure d'utiliser leurs expériences comme pont pour traverser de plus grands fleuves en crue ou des difficultés encore plus grandes. Les difficultés sont souvent amères. L'intensité de la souffrance qu'elles nous infligent varie de simple à l'intolérable. Nous nous sentons parfois arriver à la limite de nos forces et de notre capacité spirituelle. Mais, il est important de tenir ferme, pour continuer à nous débarrasser de notre vieil homme et honorer du même coup, notre Sauveur qui nous a devancés dans ses souffrances. Asaph a dit au Psaume 73:15 « Si je disais, je veux parler comme les méchants; Voici, je trahirais la race des enfants de Dieu

». Donc, l'enfant de Dieu a une façon de parler et de se comporter, même dans les difficultés.

Prenons l'exemple d'Élie (2 Roi 2:11) et Hénoc (Genèse 5:24) qui ont évolué dans une période d'obscurantisme spirituelle. Cela ne les a pas empêchés de plaire à Dieu, même si leur environnement était corrompu. Pour les récompenser, l'Éternel n'a pas permis qu'ils passent par la mort. Sans vouloir spéculer sur leur sort, ils nous ont devancés dans notre cheminement vers la rédemption éternelle. Cette intervention divine nous démontre la véracité des promesses de Jésus disant qu'il viendra nous prendre avec lui. Nous devons nous redoubler de courage et de force, même si le travail est ardu, le chemin éreintant et périlleux; la récompense dépasse de beaucoup les difficultés du moment présent selon l'Apôtre Paul. Vérifions ces quelques textes pour notre édification : Matthieu 10:38; Marc 8:34; Luc 9: 23; Luc 14:27; 1Corinthiens 1:17,18; Galates 6:12,14; Éphésiens 2:16; Philippiens 3:18; Hébreux 12:2. Ce sont des références qui nous parlent du rôle et de l'importance de la croix, dans la vie de chaque chrétien.

5. Chacun a sa croix, son chemin

Notre Père céleste a un plan d'amour pour chacun de nous, celui de nous donner la vie éternelle. Étant donné que nous n'avons pas la même éducation, les mêmes coutumes et mœurs, ni le même bagage génétique; l'Éternel utilise des moyens différents pour nous transformer à l'image de son Fils. L'objectif de notre Père pour chacun de nous est le même, nous faire passer par différentes étapes de transformation pour nous faire ressembler à Christ. Nous vivons en couple, il arrive que certaines difficultés préoccupent l'un comme l'autre. Mais, il arrive aussi que chacun a ses défis qui se présentent dans son chemin, et que son partenaire est incapable de l'aider, sauf dans la prière. D'autre part, tous les croyants ne sont pas au même niveau dans leur cheminement spirituel; l'enseignant, le Saint-Esprit, ne peut pas apprendre la même leçon à tous ses étudiants à répétition. Ceux qui sont plus avancés doivent passer à la prochaine leçon; pendant que d'autres tardent encore à assimiler la leçon antérieure. De plus, il y a des leçons qu'il va garder en réserve pour des étudiants qui seront appelés à remplir certaines tâches spécifiques. Le chemin de l'Apôtre Jean était différent de celui de Pierre. Jean 21:18-22, rapporte un entretien assez particulier entre Jésus et Pierre. Jésus donnait des indices sur la façon que Pierre allait terminer ses jours, au même moment, ce dernier voyait l'Apôtre Jean qui venait; Pierre demande à Jésus qu'arrivera-t-il de lui? Jésus a répondu au verset 22 : « Si je veux qu'il demeure jusqu'à ce que je vienne, que t'importe? Toi, suis-moi ». Il est clair que Pierre et Jean devront œuvrer dans le travail du Seigneur en prenant des trajets différents pour atteindre le même objectif. Aussi, l'apprentissage des différentes leçons se font selon les expériences antérieures de chacun. À chaque fois qu'on termine une classe, et que la leçon est bien comprise et apprise; on passe le test et accède à la classe supérieure. C'est une vraie école où nous avons de réelles leçons à apprendre, et de vrais examens à réussir. Avant la conversion de Paul au christianisme, il persécutait les chrétiens. Après sa conversion, il fut persécuté par des Juifs. Il fut battu, humilié, lapidé, incarcéré, à cause de l'évangile.

Après sa lapidation, il continuait à fortifier les disciples en compagnie de Barnabas. Ils les exhortent à persévérer dans la foi, et disant que « c'est par beaucoup de tribulations qu'il nous faut entrer dans le royaume de Dieu »; Actes 14:22. Les difficultés, les tribulations, représentent la croix du chrétien.

6. Dieu nous transforme par les difficultés

Dans ces versets qui suivent, l'Apôtre nous parlera de son vécu, de ses douloureuses expériences, de ses humiliations, voire de ses progrès spirituels. « Mais, nous nous rendons à tous égards recommandables, comme serviteurs de Dieu, par beaucoup de patience dans les tribulations, dans les calamités, dans les détresses, sous les coups, dans les prisons, dans les troubles, dans les travaux, dans les veilles, dans les jeûnes; par la pureté, par la connaissance, par la longanimité, par la bonté, par un esprit saint, par une charité par la parole de vérité, par la puissance de Dieu, par les armes offensives et défensives de la justice; au milieu de la gloire et de l'ignominie, au milieu de la mauvaise et de la bonne réputation; étant regardés comme imposteurs, quoique véridiques », 2 Corinthiens 6:4-8. Paul nous montre dans ce texte qu'il a passé par beaucoup de difficultés, et ces difficultés ont contribué à former son caractère. L'Ancien Testament abonde aussi d'exemples où l'Éternel, pour conscientiser le peuple de ses mauvais choix, laissait venir sur lui les calamités de toutes sortes. Dans l'abondance, dans la joie et la paix, l'homme a tendance à agir contre la volonté de Dieu. L'apôtre dans les problèmes, a pris possession des armes spirituelles de Dieu, telles que : la prière, la justice, la foi, la parole de Dieu, la vérité, et la sanctification. Le Saint-Esprit utilise ces moyens pour nous

Chapitre 7 La Croix

purifier comme l'orfèvre qui passe l'or dans le feu pour l'épurer jusqu'à ce qu'il puisse y voir le reflet de son visage. La prière, le jeûne, et toutes les armes de Dieu représentent le chemin qui le conduit à cette nouvelle vie dont le Saint-Esprit est l'artisan. J'ai souvent le privilège d'entretenir avec des gens qui sont meurtris par les difficultés. Ils représentent des sources d'inspiration pour notre vie spirituelle. Ils acquièrent de la patience, l'endurance, la bonté, l'humilité, le discernement, la bienveillance, voire la sagesse. J'ai eu un problème, un pasteur d'expérience était venu prier avec moi. Dans sa méditation, il disait: quand un problème nous arrive, nous sommes souvent surpris; mais Dieu, lui, n'est pas surpris. Dans sa prescience, Il était déjà au courant, avant que le problème arrive. Si nous sommes ses enfants, nous devons remettre le problème entre ses mains. Car, il n'existe pas de problème qu'il ne peut résoudre.

« Nous sommes pressés de toute manière, mais non réduits à l'extrémité; dans la détresse, mais non dans le désespoir; persécutés, mais non abandonnés; abattus, mais non perdus; portant toujours avec nous dans notre corps la mort de Jésus, afin que la vie de Jésus soit aussi manifestée dans notre corps. Car nous qui vivons, nous sommes sans cesse livrés à la mort à cause de Jésus, afin que la vie de Jésus soit aussi manifestée dans notre chair mortelle », 2 Corinthiens 4:8-11. Quand nous parlons du processus qui conduit à la mort de l'homme charnel, ici Paul se prend en exemple. Alors, il nous parle de son expérience en relation avec sa connaissance de la parole de Dieu. Les difficultés permettent que son vieil homme soit sans cesse livré à la mort jusqu'à ce qu'il devienne inactif. C'est à ce moment que la vie de Jésus-Christ, se développe et se manifeste en nous. Les Galatiens étaient ses enfants spirituels, il souhaite voir l'image de Christ se développer en eux graduellement. Après que l'homme charnel ait mort, et que la nouvelle naissance prenne place; le Saint-Esprit n'a plus de barrière pour communiquer avec notre esprit, et nous permettre de ressembler davantage à Christ. « Mes enfants, pour qui j'éprouve de nouveau les douleurs de l'enfantement, jusqu'à ce que Christ soit formé en vous », Galates 4:19. Il est évident que la raison pour laquelle notre vieil homme est livré à la mort chaque jour en relation avec la mort de Jésus, c'est dans le but de reproduire en nous son image. L'Apôtre Paul disait, jusqu'à ce que Christ soit formé en nous. Nous sommes d'accord sur le fait que Christ ne se forme pas dans le croyant en une journée. Notre Père a mis tout en place pour rendre possible ce changement qui s'étale dans le temps. Il s'agit d'un système d'éducation progressive. Il est plus qu'évident que les difficultés représentent l'arme que Dieu utilise à travers l'œuvre du Saint Esprit, pour produire en nous la mort du vieil homme et la nouvelle naissance. Pierre nous dit dans 1Pierre 4:12, 13 : « Bien-aimés, ne trouvez pas étrange d'être de la fournaise de l'épreuve, comme s'il vous arrive quelque chose d'extraordinaire. Réjouissez-vous, au contraire, de la part que vous avez aux souffrances de Christ, afin que vous soyez aussi dans la joie et dans l'allégresse lorsque sa gloire apparaîtra ».

Je vous rappelle que les thèmes : homme charnel, vieil homme, homme extérieur, sont synonymes. Quand nous reconnaissons nos limites, notre petitesse devant Dieu; quand nous nous ressentons faibles, impuissants; quand nous ne faisons plus confiance à nos capacités charnelles pour prendre toutes nos décisions; et que le besoin de consulter l'Éternel devient nécessaire; c'est la preuve que nous marchons sur le chemin de la transformation spirituelle. Ce qui veut dire que le processus de la destruction de l'homme extérieur est en marche. C'est un gain pour nous si l'homme extérieur se détruit, même si cela implique de la souffrance. Sa destruction libère notre esprit et nous devenons spirituellement plus fort. Donc, l'homme intérieur fait référence à l'esprit de l'homme. « C'est pourquoi nous ne perdons pas courage. Et lors même que notre homme extérieur se détruit, notre homme intérieur se renouvelle de jour en jour », 2 Corinthiens 4v16. Il y a une leçon à apprendre dans chaque petite chose qui arrive dans nos vies. Nous devons rester flexibles et attentifs pour saisir les directives du Saint Esprit. La connaissance de la parole de Dieu et le discernement que donne son Esprit nous permettront de distinguer les suggestions du Saint Esprit et de celles des mauvais esprits.

Le Psalmiste David au verset 10 du chapitre 66: « Car tu nous as éprouvés, ô Dieu! Tu nous as fait passer au creuset comme l'argent »; Madame Guyon abonde dans le même sens pour dire : « C'est le feu de la souffrance qui produit l'or de la piété ». Le livre d'Apocalypse qui représente un chef-d'œuvre en ce qui concerne certaines prophéties importantes annonçant le retour imminent de Jésus, nous transporte dans des réalités de la terre restaurée. Il est l'œuvre du prophète Jean qui fut exilé sur l'île de Patmos, à cause de la prédication de l'évangile. Nous aurions pu demander, pourquoi Dieu avait permis cet exil? Le résultat: c'est que ce moment de solitude, d'isolement, et de persécution pour Jean, l'Éternel l'a utilisé pour compléter sa révélation concernant le plan de la rédemption.

Un chrétien, après avoir passé dans la moule du Saint Esprit, devient épuré comme l'or et l'argent sortis du creuset. C'est à ce moment, la vie chrétienne réelle commence, dans une progression spirituelle constante. Notre Dieu est vivant, il se révèle à nous pour nous rassurer que nous sommes ses enfants. Le côté charnel de notre personnalité prendra de moins en moins de place dans nos interactions avec nos semblables et avec le Seigneur. Nous accorderons moins d'importance aux petits dérangements de la vie. Nos connaissances académiques, nos biens matériels auront moins d'importance à nos yeux. Nous serons plus aptes à pardonner ceux qui nous ont offensés. Tout cela sera possible, parce que le Saint Esprit qui est la vie de Christ habitera en nous. « L'Esprit lui-même rend témoignage à notre esprit que nous sommes enfants de Dieu », Romains 8:16.

7. La croix, le chemin de la gloire

« C'est une grâce que de supporter des afflictions par motif de conscience envers Dieu, quand on souffre injustement. En effet, quelle gloire y a-t-il à supporter de mauvais traitements pour avoir commis des fautes ? Mais si vous supportez la souffrance lorsque vous faites ce qui est bien, c'est une grâce devant Dieu », 1 Pierre 2:19, 20. Nous avons vu au deuxième chapitre des épîtres aux Philippiens, que Dieu a souverainement élevé Jésus, parce qu'il s'est dépouillé de lui-même et s'est humilié jusqu'à la mort sur la croix. Si nous voulons être glorifiés par Dieu, nous devons le servir dans une humilité réelle. C'est la croix qui nous donne accès au royaume de Dieu. Elle a pour rôle de détruire nos mauvais traits de caractère et de les remplacer par des vertus. Il n'y a pas un autre chemin qui mène au salut, sinon le chemin de la croix. Si nous sommes morts avec Christ, nous croyons que nous vivrons aussi avec lui, Romains 6:8. L'épreuve est ce qui agit sur une personne pour démontrer ou mettre en évidence la réalité de ses faiblesses et de ses vertus. Elle démontrera jusqu'où nous pouvons patienter, jusqu'où nous avons la foi, jusqu'où nous pouvons endurer, supporter, pardonner etc.

Chapitre 8
La nouvelle naissance

> *La naissance qui vient d'en haut, c'est la nouvelle nature venant de Dieu que le Saint Esprit nous communique.*

La langue grecque traduit naître de nouveau par « guénnaô, anôthén » qui veut dire : naître d'en haut. La naissance qui vient d'en haut, c'est la nouvelle nature venant de Dieu que le Saint Esprit nous communique, 1 Jean 3:9. La nouvelle naissance c'est venir à la naissance une seconde fois. Ce qui veut dire que nous avions déjà reçu cette même naissance à la création. La mort spirituelle l'a engloutie après le péché. Par le plan de la rédemption, Dieu a jugé bon de la redonner à ses enfants. Le verbe régénérer du grec guénnao, signifie faire naître de nouveau. « Les croyants sont régénérés par la parole de Dieu », 1 Pierre 1:23. « Dieu nous a régénérés par la résurrection de Jésus-Christ », 1 Pierre 1:3. La régénération est composée de deux mots grecs: palin, à nouveau et guénésis, génération. La régénération c'est l'établissement d'un nouvel ordre de choses par rapport à un ancien, Matthieu 19:28 et Tite 3:5. Dans

Chapitre 8 La nouvelle naissance

ce processus de renouvellement de choses, l'homme constitue l'élément central; parce que Dieu a exécuté le plan de la rédemption non pas au profit de la végétation, ni des animaux; mais la race humaine fut la première concernée. Tout chrétien qui aspire à fouler le sol de la nouvelle terre doit durant sa course chrétienne, naître de nouveau en relation avec les bénédictions que nous avons reçues en Jésus-Christ, selon 1Pierre 1:3.

1. La résurrection ou la nouvelle naissance

La Pâque c'est la plus grande fête du christianisme. C'est la fête de la célébration de la mort et de la résurrection de Jésus. À sa mort est associée la mort du vieil homme, et à sa résurrection est associée la nouvelle naissance de chaque croyant. D'où la nécessité de rester attacher à Lui pour que nos vies soient transformées à son image.

« Car ceux qu'il a connus d'avance, il les a aussi prédestinés à être semblables à l'image de son Fils, afin que son Fils fût le premier-né entre plusieurs frères », Romains 8:29. Dans Ézéchiel trente-six, Dieu avait promis de donner un cœur nouveau et un esprit nouveau à l'homme pour qu'il soit capable de le servir. Cela sous-entend que l'homme éprouvait une certaine faiblesse dans sa capacité pour répondre favorablement au désir de Dieu. Dans son intervention devant Caïn (Genèse 4), l'Éternel a jugé que même après le péché, l'homme avait encore en lui la capacité de choisir le bien. Mais, constatant l'échec de la race humaine, et ses moyens spirituels qui s'estompent de jour en jour, notre Père a fait des plans pour nous seconder. Il veut nous donner des cœurs plus aptes à le servir (Ézéchiel 36). S'agit-il tout simplement de cet organe qui pompe le sang dans le corps? Consultons la bible, pour vérifier si ce cœur dont il est question dans Ézéchiel 36 représente cet organe vital qui envoie le sang partout dans le corps; ou serait-il l'essence même de notre être, la source de nos pensées, de nos sentiments et de nos capacités cognitives?

Mais il y eut un homme d'entre les pharisiens, nommé Nicodème, un chef des Juifs, qui vint, lui, auprès de Jésus, de nuit, et lui dit: Rabbi, nous

> *Tout chrétien qui aspire à fouler le sol de la nouvelle terre doit durant sa course chrétienne, naître de nouveau en relation avec les bénédictions que nous avons reçues en Jésus-Christ.*

savons que tu es un docteur venu de Dieu; car personne ne peut faire ces miracles que tu fais, si Dieu n'est pas avec lui. Jésus lui répondit: « En vérité, en vérité, je te le dis, si un homme ne naît de nouveau, il ne peut voir le royaume de Dieu. Nicodème lui dit: Comment un homme peut-il naître quand il est vieux? Peut-il rentrer dans le sein de sa mère et naître? Jésus répondit: En vérité, en vérité, je te le dis, si un homme ne naît d'eau et d'Esprit, il ne peut entrer dans le royaume de Dieu. Ce qui est né de la chair est chair, et ce qui est né de l'Esprit est esprit. Ne t'étonne pas que je t'aie dit: Il faut que vous naissiez de nouveau, Jean 3:1-7 ».

La répétition, en vérité, en vérité, démontre l'importance de cette déclaration de Jésus. D'autre part, il est clair que la nouvelle naissance représente la naissance qui provient de la réalité qu'exprime le baptême d'eau et de la réalisation du travail du Saint-Esprit qui consiste à détruire le vieil homme pour faire renaître l'esprit de l'homme, cela en relation avec la mort et la résurrection de Jésus-Christ. Je ne sais pas si vous avez déjà pris un peu de temps pour méditer sur ce texte qui cache une information d'une très grande importance, sur la nouvelle naissance. D'abord, nous pouvons remarquer que Jésus-Christ, a fait deux fois la même déclaration en utilisant le thème : « en vérité, en vérité ». De plus, il a ajouté au verset 7 un verbe d'obligation: « Ne t'étonne pas que je t'aie dit, il faut que vous naissiez de nouveau ». Selon Jésus, pour entrer dans le royaume de Dieu, tout homme doit naître d'eau et d'Esprit. La renaissance par l'eau, c'est le baptême par immersion qui veut dire que notre vieil homme accompagné de notre passé est enseveli ou enterré dans l'eau au moment où nous y plongeons. Nous sommes ensuite ressuscités dans une nouvelle vie pour la gloire de Dieu, en se relevant dans l'eau. Mais, nous devons comprendre que cette transformation ne se produit pas de façon automatique le jour du baptême. Par contre, le baptême représente notre consentement, notre adhésion, pour que le Saint-Esprit applique ses corrections dans nos vies en vue d'anéantir le vieil homme et produire la nouvelle naissance. Tout homme tire leur origine d'Adam; puisque Adam était charnel, tous les fils d'Adam sont charnels. Jean 3:6a: « Ce qui est né de la chair est chair ». Nous sommes charnels, et « l'homme charnel est opposé à Dieu », Romains 8:7. Donc, une nouvelle naissance spirituelle est nécessaire pour que l'homme puisse entrer en communication avec Dieu, son Père et son Seigneur.

C'est pourquoi, au verset six, Jésus déclare: Ce qui est né de la chair est chair, ce qui est né de l'Esprit est esprit. Comme étant fils d'Adam, nous sommes charnel, mais devenu enfants de Dieu, Il envoie le Saint-Esprit au secours de notre esprit pour le délivrer de l'emprise du vieil homme. Donc, le premier Esprit dont la lettre E est en majuscule c'est le Saint-Esprit; le second esprit dont la lettre e est en minuscule c'est l'esprit de l'homme. Ce qui veut dire que la nouvelle naissance consiste en la renaissance de l'esprit de l'homme. Au 2 Corinthiens 4:16, l'Apôtre Paul nous encourage à affronter les difficultés avec espoir, parce que notre homme intérieur se renouvelle de jour en jour, lorsque notre homme extérieur se détruit. « Notre homme extérieur signifie notre vieil homme ou notre homme charnel; notre homme intérieur qui se renouvelle, c'est notre esprit qui devient plus fort chaque jour ». Ce qui veut dire, qu'à mesure que l'homme charnel se rapetisse, l'esprit de l'homme s'affranchit davantage; et l'homme devient plus fort sur le plan spirituel. Ainsi, nos mauvais traits de caractère disparaissent progressivement au profit des qualités et des vertus. Dr R.C. Trench, dans son ouvrage « synonymes du nouveau testament », appelle cela : « Le revêtement du nouvel homme et du dépouillement de l'ancien; la conformité graduelle de l'homme avec le nouveau monde spirituel dans lequel il a été introduit , et dans lequel il vit et se meut ». Notre vie doit devenir conforme de façon graduelle à la vie du nouveau monde spirituel créé par le plan de la rédemption. Dans Galates 4:19, l'Apôtre Paul exprime un ardent désir de voir dans la vie des Galatiens l'implantation graduelle de la vie qu'ils ont reçue de Jésus-Christ. Il dit: « Mes enfants, pour qui j'éprouve de nouveau les douleurs de l'enfantement, jusqu'à ce que Christ soit formé en vous ».

Nous aimons toujours être en pleine possession de nos moyens et de nos capacités, pour répondre à nos besoins sans recourir à l'aide des autres. Cela nous valorise, et augmente notre fierté. Souvent, notre Seigneur pour notre bien veut que nous ayons une certaine dépendance, pour éviter de s'enorgueillir. Paul fut un érudit, un homme fort, qui persécutait les chrétiens. Quand l'Éternel a voulu l'utiliser, il l'a frappé d'aveuglement. Étant aveugle, il devient dépendant, il a perdu ses moyens. Dans Actes neuf, Dieu a envoyé Ananias lui imposa la main pour qu'il recouvre la vue. Nous avons vu dans 2 Corinthiens12:7-10, que malgré toute sa science, Paul avait un handicap qui l'aidait à conserver son humilité. Et l'Éternel a voulu que ce soit ainsi : « Ma grâce te suffit, car ma puissance s'accomplit dans la faiblesse ». Au verset 10, Paul se met d'accord avec l'éternel: dit-il, « c'est pourquoi je me plais dans les faiblesses, dans les outrages, dans les calamités, dans les persécutions, dans les détresses, pour Christ; car, quand je suis faible, c'est alors que je suis fort ». Avant la conversion de Paul, il était fort sur le plan charnel. Après qu'il ait été frappé d'aveuglement sur le chemin de Damas, il était devenu faible, impuissant. Toutes ces difficultés dont Paul mentionne dans le texte, ont pour rôle de détruire son homme charnel, et fortifier son esprit. Le chrétien doit rester serein devant les difficultés, tout en recherchant l'aide de Dieu par la persévérance dans la prière. L'homme est faible quand son vieil homme devient impuissant devant les difficultés. Quand notre vieil homme devient impuissant, c'est à ce moment que nous permettons à Dieu ou au Saint-Esprit de prendre le contrôle de notre destinée. Quand c'est l'Esprit de Dieu qui est au contrôle, nous sommes forts, sur le plan spirituel.

Certains textes bibliques cachent des trésors. Si notre esprit n'est pas affranchi nous ne pouvons pas communiquer avec Dieu. La communication se fait par la prière, la méditation, la révélation; et ce contact devient perceptible dans nos décisions et dans nos choix. « Nous tous qui, le visage découvert, contemplons comme dans un miroir la gloire du Seigneur, nous sommes transformés en la même image, de gloire en gloire, comme par le Seigneur, l'Esprit », 2 Corinthiens 3v18. Quand l'homme extérieur est détruit, selon Jean 3:6, notre esprit renaît; c'est la nouvelle naissance. L'esprit de l'homme une fois réveillé, peut entrer en contact avec le Saint Esprit. Le Saint Esprit lui permettra de voir et comprendre bien des choses qui étaient autrefois voilées, parce que son visage n'est plus voilé.

2. Le Cœur

Le cœur du grec kardia, c'est le siège de la vie physique, Actes.14:17, Jacques.5:5; de la nature morale, de la nature spirituelle, de l'affliction, Jean 14:1, Romains 9:2, 2 Corinthiens 2:4. Il est aussi le siège de la joie, Jean 16:22; des désirs, Matthieu 5:28; des affections, Luc 24:32; des perceptions, Jean 12:40; des pensées, Matthieu 9:4; de la compréhension, Matthieu 13:15; de la capacité de raisonnement, Marc 2:6, Luc 24:38; de l'imagination, Luc 1:51; de la conscience 1 Jean 3:20; des intentions Hébreux 4:12; but 2 Corinthiens 9:7; de la volonté Romains 6:17; de la foi Marc 11:23. Le terme grec psukhê (vie, âme) est traduit par cœur dans Éphésiens. 6:6, Colossiens 3:23; 1 Jean 3:17 entrailles. Toutes ces définitions bibliques démontrent que le cœur n'est pas juste cet organe qui pompe le sang dans nos différents organes. Toute notre capacité de penser, de réfléchir en fait partie.

Chapitre 8   La nouvelle naissance

> *Avoir un cœur nouveau, ...c'est devenir une nouvelle créature... après avoir passé à travers un processus de régénération.*

Avoir un cœur nouveau, c'est recevoir une vie nouvelle, c'est devenir une nouvelle créature. La raison pour laquelle Dieu a voulu donner à ses enfants un cœur nouveau et un esprit nouveau, dans Ézéchiel 36: 26,27; c'est dans le but de leur donner la capacité de suivre ses ordonnances, d'observer et pratiquer ses lois. Car c'est du cœur que viennent les mauvaises pensées, les meurtres, les adultères, les impudicités, les faux témoignages... (Matthieu15:19). Avoir un cœur nouveau, c'est devenir une nouvelle créature après avoir passé à travers un processus de régénération.

3. Une créature greffée

Notre Père a envoyé Jésus-Christ, comme un deuxième Adam né du Saint-Esprit et de Marie, pour vaincre Satan et racheter tous les êtres humains qui acceptent son salut. Il a tout mis en place pour faire de nous des nouveaux hommes, toujours avec l'apport du Saint Esprit, dans le but de combattre Satan jusqu'à la victoire finale. C'est une équation à peu près équivalente. Le Saint Esprit et Marie produisent un nouveau Adam, en la personne de Jésus; nous sommes aussi appelés à se joindre au Saint Esprit pour former des hommes et des femmes à l'image de Jésus-Christ, 1 Corinthiens 15:45; 2 Cor 5:17. Nous sommes en Jésus-Christ par le miracle de l'incarnation, là où il est dans les lieux célestes, Éphésiens 2:6. Nous avons tendance à croire que nous sommes surtout des faibles créatures; pourtant cet état fait surtout référence à la vie que nous menions avant notre conversion « réelle ». Maintenant, c'est la foi qui peut rendre effective cette opération. J'ai pris soin d'ajouter l'adjectif réelle, parce que la conversion ne veut pas dire simplement se faire plonger dans l'eau et d'en ressortir. C'est un processus de changement de notre vie d'Adam à celle de Jésus axé sur le travail du Saint Esprit en lien avec la collaboration du croyant. Je suis obligé de revenir sur Jean 3:6. Quand Nicodème demande à Jésus: comment un adulte peut-il rentrer dans les entrailles de sa mère et renaître? Jésus a répondu : (Je paraphrase) Ta première naissance était charnelle, parce qu'elle venait d'Adam. Moi (Jésus), je vous parle et je vous offre une naissance spirituelle, qui vient d'En Haut.

a) La race humaine dans Jésus-Christ

« Or, c'est par lui (Dieu) que vous êtes en Jésus Christ, lequel, de par Dieu, a été fait pour nous sagesse, justice et sanctification et rédemption », 1 Corinthiens 1:30. Pour palier à notre faiblesse qui permet à Satan de prendre l'avantage sur nous, notre Père céleste va opérer en notre faveur plusieurs miracles à travers l'incarnation, la vie, la mort, et la résurrection de Jésus-Christ. « En envoyant à cause du péché son propre Fils dans une chair semblable à celle du péché, Dieu a condamné le péché dans la chair », Romains 8:3. Alors, nous devons comprendre que notre problème réside dans la chair; pour nous aider à s'en sortir, la chair doit être vouée à la mort, voir Romains 6:6,7; 7:5,6; Galates 6:15. « En ce jour là, vous connaîtrez que je suis en mon Père, que vous êtes en moi, et que je suis en vous », Jean 14:20. Considérons les versets 10 et 11, pour mettre en évidence les termes: en moi, en mon Père, en vous. « Ne crois-tu pas que je suis dans le Père, et que le Père est en moi? Les paroles que je vous dis, je ne les dis pas de moi-même, et le Père qui demeure en moi, c'est lui qui fait les œuvres ». Jésus était revêtu de la nature humaine, mais comme le Père était dans lui, le Père agissait dans lui. Nous pouvons déduire que Jésus veut être en nous pour la même raison, pour être capable d'agir à travers nous. Notre Père céleste nous a mis dans Jésus de la même façon que le grand prêtre entrait dans le Lieu Très Saint avec les noms des douze tribus sur sa poitrine, pour qu'il soit capable d'agir pour nous; et que les répercussions de ses agissements nous donnent accès aux multiples bénédictions divines. « Il nous a ressuscités ensemble, et nous a fait asseoir ensemble dans les lieux célestes, en Jésus Christ », Éphésiens 2:6

Comme vous le constatez, j'ai fait un peu de dissonance en vue d'être plus précis. Dans plusieurs versions de bible française, dans le but d'éviter la dissonance, on remplace dans par en. Pourtant dans les termes : être en moi, être en mon Père, être en vous; « en » vient du mot grec ésô, qui signifie dans. La version anglaise « New International Version », traduit, tous ces « en » par « in ». Il est possible que ce petit mot ésô, selon qu'il soit traduit par en ou par dans, change partiellement la teneur d'un message. Tout ceci c'est pour vous dire que nous sommes en Jésus-Christ, et Jésus-Christ est en nous au moyen du Saint Esprit et de l'exercice de notre foi.

Chapitre 8   La nouvelle naissance 117

Nous devons d'abord commencer par nous voir en Jésus et lui en nous, pour provoquer cette réalité dans nos vies.

b) Jésus-Christ dans les croyants

« Afin que tous soient un, comme toi, Père, tu es en moi, et comme je suis en toi, afin qu'eux aussi soient un en nous, pour que le monde croie que tu m'as envoyé. Je leur ai donné la gloire que tu m'as donnée, afin qu'ils soient un comme nous sommes un, moi en eux, et toi en moi, afin qu'ils soient parfaitement un, et que le monde connaisse que tu m'as envoyé et que tu les as aimés comme tu m'as aimé. Je leur ai fait connaître ton nom, et je le leur ferai connaître, afin que l'amour dont tu m'as aimé soit en eux, et que je sois en eux », Jean17:2123,26. Étant donné que notre Père qui est dans les cieux a déjà fait tout ce qui est nécessaire pour réaliser cette greffe; c'est pourquoi Jésus-Christ a déclaré que nous formons avec lui une même plante, dont lui est le tronc et nous les sarments. Je me souviens avoir réalisé la greffe d'une plante sauvage (zanmorette) avec de l'aubergine. J'avais récolté de belles aubergines propres à la consommation. Sans cette greffe, la plante sauvage était seulement bonne pour être arrachée et brûlée au feu. Mais, parce qu'elle est greffée, elle devient utile. Elle n'est plus une plante sauvage. Elle est transformée en un arbre fruitier capable de produire des fruits comestibles. C'est la même chose que Dieu a fait pour nous à travers l'œuvre de Jésus-Christ et du Saint Esprit. La greffe a eu lieu, notre Père céleste l'a réalisée. Le sang de Jésus-Christ nous justifie, nous purifie, devant Dieu. Il nous a aussi racheté par sa mort qui est symboliquement nôtre. L'incarnation de Jésus-Christ et le don du Saint Esprit en nous, sont des éléments essentiels du plan de la rédemption qui formalisent cette union ou cette greffe entre la nature divine et la nature humaine. Cette démarche divine vise à obtenir un nouvel homme plus fort sur le plan spirituel pouvant faire face aux subterfuges de Satan, jusqu'à l'obtention de la victoire finale.

4. Une greffe accomplie

« En effet, si nous sommes devenus une même plante avec lui (Jésus) par la conformité à sa mort, nous le serons aussi par la conformité à sa résurrection, sachant que le vieil homme a été crucifié avec lui; afin que le corps du péché soit détruit », Romains 6:5,6. C'est un constat, la greffe devient une réalité, parce que le vieil homme qui est le siège du péché a été détruit et que le péché ait perdu sa demeure, la nouvelle naissance a eu lieu, le Saint Esprit nous habite. C'est pourquoi, Paul a déclaré que nous formons une même plante avec Jésus, la mort de l'homme charnel est la condition préalable à la nouvelle naissance. Une fois que cette condition se réalise, le Saint Esprit a le champ libre pour établir sa demeure en nous. Bien entendu, on ne prétend pas que le croyant est totalement privée de cette présence avant qu'il soit né de nouveau. Quand Paul nous dit que nous formons une même plante avec Jésus-Christ, il n'a fait que répéter ce que Jésus-Christ a déjà dit dans Jean quinze. Mais, il est important de souligner que l'apôtre a fixé la condition essentielle pour devenir une même plante dans la résurrection avec Jésus-Christ. Il faut mourir et ressusciter en conformité avec la mort et la résurrection de Jésus-Christ.

Jésus nous confirme dans Jean 15, « Je suis le vrai cep, et mon Père est le vigneron. Tout sarment qui est en moi et qui ne porte pas de fruit, il le retranche; et tout sarment qui porte du fruit, il l'émonde, afin qu'il porte encore plus de fruit. Déjà vous êtes purs, à cause de la parole que je vous ai annoncée. Demeurez en moi, et je demeurerai en vous. Comme le sarment ne peut de lui-même porter du fruit, s'il ne demeure attaché au cep, ainsi vous ne le pouvez non plus, si vous ne demeurez en moi. Je suis le cep, vous êtes les sarments. Celui qui demeure en moi et en qui je demeure porte beaucoup de fruit, car sans moi vous ne pouvez rien faire. Si quelqu'un ne demeure pas en moi, il est jeté dehors, comme le sarment, et il sèche; puis on ramasse les sarments, on les jette au feu, et ils brûlent. Si vous demeurez en moi, et que mes paroles demeurent en vous, demandez ce que vous voudrez, et cela vous sera accordé. Si vous portez beaucoup de fruit, c'est ainsi que mon Père sera glorifié, et que vous serez mes disciples. Comme le Père m'a aimé, je vous ai aussi aimés. Demeurez dans mon amour ».

Cette analogie sur la relation qui doit exister entre Jésus, le cep, et les croyants, les sarments, est frappante. La sève qui représente le sang dans la plante circule du cep aux sarments. Ces deux éléments sont intimement liés, mais si on coupe les sarments, comme le cep a des racines; il peut produire d'autres sarments. Dans cette intervention de Jésus, il a mis l'emphase sur l'importance de développer cette relation, c'est-à-dire, une relation étroite où Jésus peut s'exprimer à travers nous. Il nous fait comprendre qu'il est impérieux de demeurer en lui, ce qui veut dire rester intimement lié; pour pouvoir porter de fruit. Le but de notre Père c'est de voir l'image de notre grand-frère, Jésus-Christ, refléter en

Chapitre 8   La nouvelle naissance   119

nous. « Il nous a prédestinés à être semblable à l'image de son Fils ». Jésus est notre frère, ce qui veut dire que nous devons partager avec lui des caractéristiques spirituels et des droits communs. Jésus est notre frère, Paul ne l'a pas inventé; il a repris les mots de Jésus, lui-même. Matthieu et Jean rapportent une déclaration du Seigneur où il appelle les disciples frères, Matthieu 28:10; Jean 20:17. « Allez dire à mes frères de se rendre en Galilée; et va trouver mes frères, et dis-leur que je monte vers mon Père et votre Père, vers mon Dieu et votre Dieu ». Il n'est pas suffisant de passer un moment avec Jésus, et de s'en aller. Il a lui-même dit que celui qui met la main à la charrue et regarde en arrière n'est pas digne de lui; donc, la fin de notre démarche chrétienne revêt d'une grande importance. Il faut demeurer en lui pour que sa nature nous imprègne, nous transforme jour après jour, jusqu'à ce que nous reflétions son image. C'est seulement les sarments qui demeurent attachés au Cep qui sont en mesure de produire de bons fruits.

5. Mise au point

L'Apôtre Paul nous dévoile de façon détaillée le développement du plan du salut, depuis l'établissement du christianisme. Il nous présente les bénédictions spirituelles qui s'y attachent, et nous propose l'attitude à adopter pour en prendre possession. Ces conseils salutaires sont le résultat de ses fructueuses expériences. Il exprime plus particulièrement dans les lettres aux Romains ses luttes contre son vieil homme, ses incapacités à faire des choix conformes à la volonté de Dieu. Mais, une fois qu'il a subi la mort de l'homme charnel et naître de nouveau, il se présente sous un nouveau visage. Il dit qu'il a été crucifié avec Christ, il est devenu une nouvelle créature; s'il vit maintenant ce n'est plus lui qui vit, c'est Christ qui vit en lui. Il a même demandé à ses lecteurs de l'imiter de la même façon qu'il a imité Christ. La maturité spirituelle du croyant s'acquiert par la pratique et l'exercice de la vie chrétienne. Nous sommes conscients que chaque croyant peut, à ses débuts, dire : « Avant d'avoir été humilié, je m'égarais », Psaume 119: 67a. Mais, il est nécessaire de revenir sur le chemin du salut et de maintenir la cap.

Si nous mettons en pratique ces recommandations qui suivent, nous verrons ces réalités spirituelles prendre place dans nos vies. Dans Romains 6:11, Paul nous conseille de « nous regarder comme morts au péché, et comme vivants pour Dieu en Jésus-Christ ». Au verset 13, il ajoute : « Donnez-vous vous-mêmes à Dieu, comme étant vivants de morts que vous étiez, et offrez à Dieu vos membres comme des instruments de justice ». Dans Romains 12:1, il nous demandera « d'offrir nos corps à Dieu, comme un sacrifice vivant, saint, et agréable à Dieu… » C'est notre responsabilité de nous donner volontairement à Dieu. Nous devons aussi nous voir, nous accepter et nous comporter comme mort au péché, comme vivant pour Dieu. Sans cette démarche préalable du croyant, le Saint Esprit ne peut pas l'aider à progresser sur la voie de la mort de l'homme charnel. Les thèmes: « se regarder comme, se donner à Dieu comme, s'offrir à Dieu comme, nous plongent dans le domaine de la foi ». Nous devons croire et faire la démonstration de la chose espérée en relation avec les promesses divines, et nous la verrons s'accomplir (Marc 11:24; Hébreux 11:1).

Chapitre 9
Des chrétiens modelés

1. Du fruit de la nouvelle naissance
Un enfant qui n'est pas alimenté de manière à absorber les vitamines essentiels à son développement, n'aura pas une croissance normale. Son tuteur doit lui procurer avec soin de la nourriture équilibrée jusqu'à ce qu'il atteigne une certaine maturité dans son accroissement, pour être capable de se prendre en main. Une carence persistante de vitamines essentiels produira des troubles de croissance, et l'enfant risque de devenir chétif. Cette situation ressemble beaucoup à celle que le croyant peut expérimenter dans son épanouissement spirituel. R. C. Trench compare « un chrétien passif, inactif, et désengagé, qui ne grandit pas à un enfant qui ne fait rien avec sa naissance ». Il ne voit pas la nécessité d'aller à l'école, pour développer toutes les possibilités et les capacités que Dieu a placées en lui. Les croyants doivent croître sur le plan spirituel, en se supportant, se pardonnant, les uns les autres, jusqu'à ce qu'ils parviennent à l'unité de la foi.

« Ne faites rien par esprit de parti ou par vaine gloire, mais que l'humilité vous fasse regarder les autres comme étant au-dessus de vous-mêmes », Philippiens 2:3. Que chacun de vous, au lieu de considérer ses propres intérêts, considère aussi ceux des autres. « Ayez en vous les sentiments qui étaient en Jésus Christ, lequel, existant en forme de Dieu, n'a point regardé comme une proie à arracher d'être égal avec Dieu, mais s'est dépouillé lui-même, en prenant une forme de serviteur, en devenant semblable aux hommes; et ayant paru comme un simple homme, il s'est humilié lui-même, se rendant obéissant jusqu'à la mort, même jusqu'à la mort de la croix. C'est pourquoi aussi Dieu l'a souverainement élevé, et lui a donné le nom qui est au-dessus de tout nom, afin qu'au nom de Jésus tout genou fléchisse dans les cieux, sur la terre et sous la terre », Philippiens 2:5-9.

Jésus a laissé tous les privilèges qu'il avait auprès de son Père, spécialement son rang divin, pour revêtir de la nature humaine, vivre la soif, la faim, la frustration, l'humiliation, l'insulte, par amour pour nous. Quand Jésus est mort, Satan croyait sans doute remporter une grande victoire; pourtant cette mort fut une victoire sans équivoque qui confirme l'accomplissement de la mission de Jésus et le transfert d'un certain pouvoir spirituel à chaque croyant; au moyen de sa mort et de l'effusion du Saint Esprit. L'Apôtre Paul nous conseille de ne pas chercher de vaine gloire, mais au contraire, de suivre l'exemple de Jésus-Christ, d'être animé de ses mêmes sentiments de service et d'humilité. Jésus est notre grand-frère, notre modèle par excellence; nous devons l'imiter sur le chemin du dépouillement de soi et de l'humilité. C'est ce chemin qui mène à la joie, à la liberté intérieure, à la paix, et à la gloire éternelle. Après avoir été humilié jusqu'à la mort sur la croix, Il a reçu un nom nouveau, Seigneur, qui est au-dessus de tout autre nom. Donc, il est évident que l'humilité est l'unique chemin que le chaque croyant doit emprunter pour être glorifié par Dieu. Quand la mère des fils de Zébédée demandait à Jésus de placer dans son royaume, l'un de ses fils à sa droite et l'autre à sa gauche; Jésus lui disait que cette prérogative était réservée à son Père. Il a aussi ajouté un autre élément de réponse intéressant au verset vingt cinq: Jésus les appela, et dit: « Vous savez que les chefs des nations les tyrannisent, et que les grands les asservissent. Il n'en sera pas de même au milieu de vous. Mais quiconque veut être grand parmi vous, qu'il soit votre serviteur; et quiconque veut être le premier parmi vous, qu'il soit votre esclave. C'est ainsi que le Fils de l'homme est venu, non pour être servi, mais pour servir et donner sa vie en rançon pour plusieurs », Matthieu 20:25-28. « Ne vous faites pas appeler directeurs; car un seul est votre Directeur, le Christ. Le plus grand parmi vous sera votre serviteur. Quiconque s'élèvera sera abaissé, et quiconque s'abaissera sera élevé », Matthieu 23:10-12. L'adversité est souvent utile pour le chrétien. Il est plus profitable sur le plan spirituel quand on a de nous de mauvaises opinions, même si nous sommes sincères dans nos actions. Car, au lieu de s'enorgueillir, cela nous incite à rechercher Dieu dans l'humilité et la prière.

« Les membres du corps qui paraissent être les plus faibles sont nécessaires; et ceux que nous estimons être les moins honorables du corps, nous les entourons d'un plus grand honneur. Ainsi nos membres les moins honorables reçoivent le plus d'honneur », 1 Corinthiens 12:22,23. Si nous réfléchissons de tout le travail que nous faisons avec nos mains, nous pourrions dire qu'elles sont nécessaires, voire indispensables pour le bon fonctionnement du corps. En plus de tous les travaux moins honorables tels que : aider à l'hygiène corporelle, à nettoyer la maison et notre cour extérieur; elles préparent la nourriture, participent aux salutations, elles écrivent les beaux discours, elles nous alimentent, etc. Elles sont aussi au service de tous les membres, surtout ceux qui ont besoin le plus d'aide, et qui sont considérés comme moins honorables. Donc, les membres les plus faibles permettent l'exercice du ministère des plus forts.

« Mais le fruit de l'Esprit, c'est l'amour, la joie, la paix, la patience, la bonté, la bénignité, la fidélité, la douceur, la tempérance; la loi n'est pas contre ces choses », Galates 5:22, 19-21. Par contraste à certains comportements contraires à l'éthique chrétienne que nous trouvons au verset 19-21, 22; au verset 22, Paul nous énumère le fruit de l'Esprit. L'objectif premier de chaque chrétien: c'est de voir Jésus-Christ face à face au jour de son second avènement, pour l'obtention de la couronne éternelle. La parole de Dieu est un miroir; sa lecture nous permettra de reconnaître notre état et d'apporter avec l'aide du Saint Esprit les corrections nécessaires. Ce travail doit être graduel, tout en regardant à Jésus qui est le modèle parfait. Le Saint Esprit saura nous guider, à cause de notre désir à progresser dans notre relation avec Jésus-Christ. Soyons des modèles surtout en actes qu'en parole! Car, nos actions sont souvent plus éloquentes que nos paroles. Benjamen Franklin a dit : « Personne ne prêche mieux que la fourmi; pourtant, elle ne parle pas ».

2. Le chrétien et la maîtrise de soi

En général, quand une personne est injuriée, trompée, déçue, blessée dans son amour-propre, contrariée parce que l'action de quelqu'un d'autre entre en conflit avec ses valeurs, ou que son tempérament dominant se heurte au comportement d'une autre personne; sa réaction naturelle en tant que fils d'Adam serait de se mettre en colère. Cette entité en elle qui la pousse à la colère se nomme l'homme charnel. Paul nous dit dans Romains 8:7, la chair est opposée à Dieu et ne peut pas lui plaire. Le texte qui suit abonde dans le même sens quand il conclut que la colère n'accomplit pas la justice de Dieu. « Sachez-le, mes frères bien-aimés. Ainsi, que tout homme soit prompt à écouter, lent à parler, lent à se mettre en colère; car la colère de l'homme n'accomplit pas la justice de Dieu »; Jacques 1:19,20.

Nous avons déjà expliqué au chapitre 5 le procédé que Dieu utilise à travers l'œuvre du Saint Esprit pour résoudre le problème de l'homme charnel qui nous empêche de le servir mieux. Nous devons comprendre que celui-ci doit s'amoindrir pour permettre à l'Esprit de nous guider par l'entremise de notre esprit. Cette démarche progressive de l'Esprit en collaboration avec notre esprit nous emmènera à l'acquisition progressive de la maîtrise de soi. « Les fruits de l'Esprit, c'est l'amour, la joie, la paix, la patience, la bonté, la bienveillance, la foi, la douceur, *la maîtrise de soi*; la loi n'est pas contre ces choses », Galates 5:22,23. « A cause de cela même, faites tous vos efforts pour joindre à votre foi la vertu, à la vertu la connaissance, à la connaissance la maîtrise de soi, à la maîtrise de soi la patience, à la patience la piété... » 2 Pierre 1:5,6.

Il arrive qu'au cours d'une série de conférences ou d'études bibliques, que nous prenions la décision de suivre Jésus. Mais, nous le suivons souvent en faisant fi des règles applicables aux disciples que Jésus a lui-même fixées. Dans Luc 9:23, il fixe deux principes incontournables: « le disciples doit renoncer à lui-même et se charger de sa croix ». Il n'est pas toujours facile de nous dépouiller totalement et de nous abandonner à Jésus; ni de supporter les difficultés symbolisant la croix. Notre vieil homme n'étant pas mort occupe une place prépondérante dans nos vies, et notre façon d'interagir avec nos semblables en fait état. Thierry Pasquier, dans son livre de poche intitulé « Le guerrier intérieur », p. 117 a dit que : « Chacun de nous manifeste un attachement d'une intensité différente à son autocontemplation. Cet attachement est ressenti sous forme de besoins plus ou moins intenses. Cela est le résultat de la suffisance. Celle-ci est la force engendrée par l'image qu'une personne a d'elle-même. Par contre, dit-il, l'humilité provient de notre capacité de nous détacher des jeux illusoires de la personnalité, de perdre l'importance de nous-mêmes ». Nous pouvons ajouter que la maîtrise de soi comme l'humilité, ce sont des vertus qui ne peuvent s'acquérir par la seule volonté humaine. Nous en bénéficierons seulement quand nous nous évertuons à collaborer avec l'Esprit de Dieu dans son travail de transformation graduelle. L'homme naturel n'a pas tendance à s'abandonner, sans être en contrôle. Ce sont les ennuis de la vie qui contribuent à produire en nous le renoncement de soi; et suscitent l'envie de tout quitter pour se réfugier en Jésus. Ce fut le cas de Paul au moment où il fit cette déclaration : « Je suis pressé des deux côtés : j'ai le désir de m'en aller et d'être avec Christ, ce qui de beaucoup est le meilleur... » Philippiens 1:23. Il était prêt à mourir si cela pourrait l'amener auprès de Jésus. Le désir de tout laisser pour rejoindre Jésus était très fort.

La lecture de ce chapitre nous permettra de comprendre pourquoi le Saint Esprit est parfois si silencieux. Pourtant, il est bien réel dans la vie de l'église chrétienne pour promouvoir la bonne nouvelle de l'évangile par l'entremise du travail des serviteurs de Dieu qui vivent une vie spirituelle transformée, en parole et en actes. Pour nous les chrétiens, ce sujet revêt d'une extrême importance, nous devons nous attarder à l'approfondir.

3. Des membres en bonne santé forment un corps sain

« Car ce n'est rien que d'être circoncis ou incirconcis; ce qui est quelque chose, c'est d'être une nouvelle créature, Galates 6:15. Si quelqu'un est en Christ, il est une nouvelle créature. Les choses anciennes sont passées; voici, toutes choses sont devenues nouvelles », 2 Corinthiens 5:17

La venue de Jésus qui a facilité la mise en place de la nouvelle alliance, fait appel à des sacrifices spirituels que physiques. Les sacrifices physiques sont visibles, ils furent l'ombre des choses qui devaient venir. Les sacrifices spirituels sont invisibles, plus difficiles à effectuer, Romains 12:1. Ils représentent une étape plus avancée de la révélation divine dans l'étalement du plan du salut. Les exigences divines pour les chrétiens sont plus élevées, parce que notre Père met à notre disposition plus de possibilités pour accomplir sa volonté, (voir Ézéchiel 36:26, 27). Il a tout réalisé en Jésus-Christ pour que nous devenions une nouvelle créature. Pour que cela se réalise, notre adhésion, notre obéissance et notre attachement à sa parole en tant que nourriture spirituelle, sont nécessaires. Selon l'entretien de Jésus avec Nicodème dans Jean 3, pour être une nouvelle créature, il faut naître de nouveau. Donc, dans le christianisme, l'Éternel monte la barre un peu plus haute; mais il nous donne les moyens pour la franchir.

« Aussi la création attend-elle avec un ardent désir la révélation des fils de Dieu. Car la création a été soumise à la vanité, – non de son gré, mais à cause de celui qui l'y a soumise, – avec l'espérance qu'elle aussi sera affranchie de la servitude de la corruption, pour avoir part à la liberté de la gloire des enfants de Dieu. Or, nous savons que, jusqu'à ce jour, la création tout entière soupire et souffre les douleurs de l'enfantement. Et ce n'est pas elle seulement; mais nous aussi, qui avons les prémices de l'Esprit, nous aussi nous soupirons en nous-mêmes, en attendant l'adoption, la rédemption de notre corps », Romains 8:19-23. Dans ce texte, l'Apôtre ratisse large dans le sens qu'il implique toute la création. Il la personnifie en la faisant désirer la révélation des fils de Dieu. La corruption était partout dans la nature, on la respirait, on la voyait avec impuissance. Paul qui vivait sa vie chrétienne dans une dimension avancée était sans doute incompris. Aujourd'hui encore, certains écrits de Paul restent à découvrir. Il voulait nous dire que la situation était intenable, il fallait la naissance d'une nouvelle ère, pour qu'on soit libéré de l'esclavage de la corruption. Il projette, semble-t-il, son espérance au-delà de ce monde éphémère, dans l'attente de la rédemption complète de notre corps et des éléments naturels.

Cette parole de Paul est d'une grande profondeur. Il affirme que les Corinthiens seraient le produit de son ministère. Il insinuait que ses messages seront imprimés dans leurs cœurs, et imprégnés dans leurs caractères. Il précise que ce travail est l'œuvre du Saint Esprit. Il souhaite que chacun de nous soit une lettre de Christ écrite par le Saint Esprit. De telle sorte que, si quelqu'un nous côtoie à l'église, au travail, dans la rue, à la maison, n'importe où; qu'il puisse découvrir Christ à travers nous. Ces versets nous invite à une analyse introspective, en vue d'une démarche chrétienne plus productive. « C'est vous qui êtes notre lettre, écrite dans nos cœurs, connue et lue de tous les hommes. Vous êtes manifestement une lettre de Christ, écrite, par notre ministère, non avec de l'encre, mais avec l'Esprit du Dieu vivant, non sur des tables de pierre, mais sur des tables de chair, sur les cœurs », 2 Corinthiens 3:2,3. Il est indéniable que les gens qui nous fréquentent nous lisent chaque jour. Quels genres de messages projetons-nous? S'agit-il des messages qui repoussent ou des messages qui attirent? Sont-ils inspirés par le Saint Esprit ou de notre personnalité d'homme naturel? Quelle que soit la réponse, notre Père veut que nous soyons des messages inspirants, qui l'honorent, le représentent.

Chapitre 9   Des chrétiens modelés

D'après les cinq premiers versets de la première épître de Pierre chapitre deux, Jésus-Christ veut édifier son église avec des pierres vivantes, rejetées par les hommes, mais choisies et précieuses pour Dieu. En général, on taille chaque pierre avant de l'intégrer dans la construction pour qu'elle soit capable de bien agencer avec les autres qui sont déjà taillées. Pour y arriver, on utilise le plus souvent un gros marteau en fer qui s'appelle masse. À cause de sa grosseur, elle a plus d'impact quand elle frappe. Mais, quand les pierres sont bien taillées et bien agencées dans la construction, on a beaucoup de plaisir à regarder la construction comme un chef-d'œuvre. Dans le cas contraire, l'édifice peut même s'effondrer en plus d'être désagréable à regarder. Cette comparaison sied bien à la réalité de l'église; c'est pourquoi Paul disait dans 1 Corinthiens 3:10 qu'il « a posé la base de l'église du Seigneur comme un Architecte expert ». Il comprend l'importance pour une construction d'avoir une bonne base et une structure solide, (voir 1 Pierre 2: 1-5).

4. Vivre comme des sacrificateurs

En hébreu, le verbe consacrer est traduit par « qadas », qui signifie mettre quelque chose ou quelqu'un à part pour une tâche spécifique. Si l'on se réfère au service de Dieu, on dirait: mis à part, sanctifié ou rendre saint quelqu'un ou quelque chose, en vue de son emploi par Dieu. Dans le texte d'Hébreux 10:20, la signification du verbe consacrer sera un peu nuancée. Le verbe consacrer en français tire son origine du mot grec énkaïnidzô (én: dans; et kaïnos: nouveau). Il veut dire inaugurer, ouvrir; Jésus nous a consacrés un chemin nouveau et vivant à travers le voile, c'est-à-dire sa chair, pour entrer dans les lieux saints, en la présence de Dieu par son sang. Donc, la clé qui ouvre la porte qui mène vers Dieu, c'est d'abord le sang de Jésus Christ, puis la consécration et la sanctification dans la prière.

Le Sacrificateur est appelé à vivre dans la présence de Dieu. Il doit vivre pour obéir à Dieu, puisqu'il est consacré pour servir Dieu. Pour s'approcher de Dieu, il a l'obligation de se sanctifier. Pour que cela soit possible, il doit aimer son travail, voire passionner de le faire; parce que son rôle c'est d'être en la présence de Dieu. Dans un groupe d'étudiants qui ont choisi le même programme, avec les mêmes enseignants; ce sont ceux qui ont développé une passion pour leurs professions qui vont se démarquer. Ils sont appelés à exceller et à développer une certaine expertise. Le chrétien, dans son cheminement, n'échappe pas à ce type d'expérience.

Les prêtres avaient l'obligation de se sanctifier avant d'entrer dans la présence de Dieu, de peur de mourir, Exode 29. Mais, cette présence est comme un mets au goût irrésistible. Celui ou celle qui en goûte ne veut plus s'arrêter. Considérons l'exemple de Moïse, il voulait la présence de Dieu de toutes ses forces. Il avait le privilège de parler de vive voix à Dieu qui se dérobait dans la nuée. Il a passé quarante jours et quarante nuits sur le mont Sinaï dans un rendez-vous avec Dieu. Malgré tout, cela ne lui suffisait pas, cette attraction vers la présence de l'Éternel l'incita à lui demander : « Seigneur fais-moi voir ta gloire ». L'amitié était si grande, que l'Éternel voudrait satisfaire le vœu de Moïse. « Comme un homme pécheur ne peut pas me voir et vivre, caches-toi en arrière de ce rocher. Je vais passer et tu pourras m'entrevoir, Exode 33 ». Notre satisfaction ne devrait pas s'arrêter parce que notre Père a répondu à notre lettre. Nous avions besoin des chaussures, des habits, et de l'argent pour payer un loyer; il a pourvu à ces besoins matériels primaires. Il doit arriver un moment où rien d'autre nous intéresse que la présence de notre Père. Quand notre Père voit que nous brûlons du désir de le rencontrer, je vous assure qu'il viendra nous rencontrer. L'amour engendre l'amour, dit un auteur inconnu. À ce moment, nous pourrons sauter dans ses bras et jouir de son amour inexprimable. C'est la même chose pour Dieu, il ne se cache pas pour ceux et celles qui le cherchent. Il y a des expériences qui sont souvent vécues que par les assoiffés. Apocalypse 1:6, relate que Jésus a fait de nous des sacrificateurs pour Dieu. Cela sous-entend que les conditions sont réunies pour que chaque chrétien puisse se consacrer, se sanctifier, en vue de se présenter personnellement devant Dieu. « Le vêtement blanc que le Témoin fidèle nous conseille d'acheter représente non seulement la justification, c'est-à-dire la justice imputée du Christ, mesure providentielle destinée à couvrir notre nudité morale et nos péchés, mais aussi l'étape suivante et complémentaire, celle de la sanctification ou justice impartie. Ceci implique la victoire constante sur le péché, la transformation progressive du caractère, la croissance chrétienne, le progrès dans la lutte contre les faiblesses et les imperfections », Préparation pour la crise finale d'E.G. White, p.46.

5. Un homme à la stature parfaite de Christ

« Et il a donné les uns comme apôtres, les autres comme prophètes, les autres comme évangélistes, les autres comme pasteurs et docteurs, pour le perfectionnement des saints en vue de l'œuvre du ministère et de l'édification du corps de Christ, jusqu'à ce que nous soyons tous parvenus à l'unité de la foi et de la connaissance du Fils de Dieu, à l'état d'homme fait, à la mesure de la stature parfaite de Christ », Éphésiens 4:11-13. L'apôtre exprime l'importance pour le corps de Christ de fonctionner dans l'ordre et l'harmonie. L'unité et la collaboration entre tous les membres qui forment le corps de Christ est primordiale pour son fonctionnement normal. L'unité dans l'amour fait partie de la nature même de Dieu, sinon le Saint Esprit est attristé et incapable de faire son travail dans le corps. Les talents que chacun reçoit, doivent contribuer à l'œuvre de Dieu et à l'édification du corps de Christ. Chacun doit avoir le même souci, l'unité de l'église et le progrès spirituel de l'œuvre du Seigneur. Cela devrait se manifester dans un esprit de service et d'humilité. Le bras doit obéissance à la tête qui est le Christ, et la main doit obéir au bras. Il en est de même pour tous les autres membres du corps qui agissent aussi sous la gouverne de la tête. C'est en ce sens que Paul souhaite que nous formions un homme, ayant l'image parfaite du corps de Jésus-Christ, l'église. Notre Seigneur, saura nous glorifier, voire nous honorer.

> *L'unité et la collaboration entre tous les membres qui forment le corps de Christ est primordiale pour son fonctionnement normal.*

« Nous avons tous, en effet, été baptisés dans un seul Esprit, pour former un seul corps, soit Juifs, soit Grecs, soit esclaves, soit libres, et nous avons tous été abreuvés d'un seul Esprit », 1 Corinthiens 12:13. Si nous avons bu au même breuvage du Saint Esprit, nous devrions subir la même influence et la même transformation. Jésus disait que les gens du monde occupent des postes pour dominer, mais dans son royaume, les règles sont différentes. Celui qui gouverne occupe cette position dans le but de servir. Les caractéristiques de cet homme mentionné dans Éphésiens 4, font référence à l'église qui

> *Si chaque membre remplit sa fonction en harmonie avec les principes de fonctionnement du corps, tout en respectant que Jésus soit la tête; cet homme à la stature parfaite de Christ deviendra une réalité.*

représente le corps de Christ. Si chaque membre remplit sa fonction en harmonie avec les principes de fonctionnement du corps, tout en respectant que Jésus soit la tête; cet homme à la stature parfaite de Christ deviendra une réalité. Cet homme sera cet édifice dont il est question plus haut; construit avec des pierres soigneusement taillées, au goût du Maître. L'apôtre nous présente une image d'unité spirituelle très profonde sous l'égide du Saint Esprit. Comparons-la à ce que nous avons en réalité dans nos communautés chrétiennes, pour nous faire une idée de nos forces et de nos faiblesses.

Chapitre 10
Le Baptême du Saint Esprit

1. Le Saint-Esprit dans la vie du croyant

Dans le but de faire en votre compagnie un petit pas en avant, je me propose de parler brièvement du Saint-Esprit. C'est un sujet complexe parce que le Saint Esprit c'est Dieu. Je dirais Dieu est un Inconnu qui nous livre une partie de lui-même à travers les révélations. Il n'est pas bon d'entretenir des idées floues autour du Saint Esprit; parce qu'il est extrêmement important pour chaque chrétien de comprendre ce que le Saint-Esprit représente pour lui. Notre développement spirituel, toutes nos démarches chrétiennes dépendent du travail du Saint Esprit dans notre vie. Pour écrire ce chapitre, en plus de la lecture des données bibliques, je tiens compte de mes expériences personnelles.

« Et moi, je prierai le Père, et il vous donnera un autre consolateur, afin qu'il demeure éternellement avec vous, l'Esprit de vérité, que le monde ne peut recevoir, parce qu'il ne le voit point et ne le connaît point; mais vous, vous le connaissez, car il demeure avec vous, et il sera en vous. Je ne vous laisserai pas orphelins, je viendrai à vous. Encore un peu de temps, et le monde ne me verra plus; mais vous, vous me verrez, car je vis, et vous vivrez aussi. En ce jour-là, vous connaîtrez que je suis en mon Père, que vous êtes en moi, et que je suis en vous. Je leur ai fait connaître ton nom, et je le leur ferai connaître, afin que l'amour dont tu m'as aimé soit en eux, et que je sois en eux », Jean14:16, 17, 20; Jean17:26. J'ai utilisé ces textes pour vous rappeler que Jésus a promis le Saint Esprit à tous ceux et celles qui l'acceptent comme Sauveur et Seigneur. Sans la présence de l'Esprit de Dieu, le croyant ne peut pas grandir, se développer, dans sa vie chrétienne. Dans 2 Corinthiens 2:22, rapporte que « Dieu nous a marqué d'un sceau et a mis dans nos cœurs les arrhes de l'Esprit ». Le Saint Esprit, non seulement représente la marque de propriété de Dieu dans le croyant, c'est aussi une garantie, un à-valoir en prévision de la vie éternelle. D'autre part, nous devons aussi comprendre que tous les « en », dans les : « en moi », « en eux », « en mon Père », « en vous », devraient se traduire par « dans ». Mais, pour éviter la dissonance, la langue française préfère employer « en ». Pourtant, les thèmes « en » et « dans », peuvent avoir de sens très différents dans des thèmes comme: je vais en courant, je vais en voyage, tu vas en avant, etc. Dans les versions anglaises, il est plus facile de traduire directement par « in », qui traduit plus fidèlement la pensée de Dieu et l'idée du texte.

Le Saint Esprit c'est Dieu. Dieu est normalement invisible aux yeux des humains. Mais, il utilise divers moyens pour se révéler à nous, en manifestant sa présence. Il vient sous forme angélique, sous forme humaine, quand Abraham a dit : j'ai vu trois hommes, Genèse dix huit. Ce chapitre contient des informations très étonnantes, je vous conseillerais de le relire. L'Éternel fait des prodiges, des miracles par l'intermédiaire de ses serviteurs. Il parle de vive voix à Moïse. Il passe des ordres, et exprime de vive voix son amour. Il envoie miraculeusement Jésus-Christ. Jésus a vécu parmi les hommes, et révèle davantage le caractère de Dieu. Après sa résurrection, il a pris soin de faire plusieurs apparitions aux siens pour que tout le monde sache qu'il est réellement ressuscité. Quand Dieu nous fait une promesse, il cherche à démontrer à nous qui vivons dans un monde sensible; la réalisation concrète de sa promesse. Jésus nous avait promis le Saint Esprit, l'avènement du Saint Esprit devait être perceptible aux yeux de tous. Sinon, ses détracteurs prendrons l'avantage, en inventant toutes sortes de subterfuges pour le discréditer.

2. Le sceau de Dieu sur le croyant

Un sceau certifie la propriété et la validité du document sur lequel il est apposé. Il peut être aussi la marque imprimée sur une lettre, permettant

Chapitre 10   Le Baptême du Saint Esprit

de la cacheter, (Apocalypse 5: 1,2,5,9). Paul écrit dans Romains 8:9, « Si quelqu'un n'a pas l'Esprit de Christ, il ne lui appartient pas ». Donc, le Saint Esprit est la marque ou le sceau de Dieu sur ses enfants. L'Apôtre, dans 2 Timothée 2:19, a donnée une définition très révélatrice : « Le Seigneur connaît ceux qui lui appartiennent; et quiconque prononce le nom du Seigneur, qu'il s'éloigne de l'iniquité ». A la campagne, dans certains pays du monde, des habitants possèdent des sceaux avec leurs initiales pour estamper leurs animaux. C'est la façon la plus évidente pour une personne de montrer publiquement qu'un animal est sa propriété. L'Éternel, en plus de tout cela, veut nous garantir par le Saint-Esprit qu'il nous donnera la vie éternelle. Éphésiens 1:13-14 « Vous avez cru et vous avez été scellés du Saint-Esprit qui avait été promis, lequel est un gage de notre héritage ». Les arrhes vient du grec arrabôn, et arrabôna signifie bague de fiançailles. En général, les fiançailles prédisent que le mariage est proche. Alors, Jésus a fiancé une jolie jeune fille, l'église, qui se prépare ardemment pour être encore plus belle, le jour de ses noces, c'est-à-dire au retour de Jésus-Christ. Au 2 Corinthiens 1:21,22; « Celui qui nous affermit avec vous en Christ, et qui nous a oints, c'est Dieu, lequel nous a aussi marqués d'un sceau et a mis dans nos cœurs les arrhes de l'Esprit ». Donc, c'est comme si l'Éternel a donné sur le contrat qu'il a signé avec nous, une somme d'argent ou une avance de fonds, comme gage pour nous assurer qu'à son retour il va finaliser le contrat, c'est-à-dire honorer sa promesse. Il est évident que Jésus va revenir pour finaliser son contrat avec tous ceux qui ont une avance de fonds dans leurs mains, parce qu'une bague de fiançailles représente une garantie que le fiancé reviendra au temps fixé pour la cérémonie nuptiale.

L'Éternel a donné sur le contrat une avance de fonds comme gage, pour nous assurer qu'à son retour, Il va finaliser le contrat.

En ce qui concerne le Saint Esprit, nous pouvons facilement entretenir des idées vagues, parce que sa présence n'est pas toujours manifeste. Par exemple, j'ai une formation d'ingénieur en électrotechnique et une formation de technicien en électronique. Dans la formation d'ingénieur, j'étudie la production et le transport des tensions de plusieurs milliers de mégawatts. Comme technicien, il arrive parfois que j'ai subi des chocs électrique quand je répare certains équipements électroniques ou électriques. Je peux vous dire que je connais la sensation que ressent quelqu'un qui a subi un choc électrique. Je peux même imaginer la violence des secousses produites par un courant plus intense. C'est la même chose pour une personne qui tremble sous une fièvre intense. Si l'on n'a jamais eu la fièvre, on ne peut pas imaginer la sensation que ressent la personne malade. Si vous n'avez jamais eu la fièvre, cela ne veut pas dire que la fièvre n'existe pas, parce que les symptômes sont bien présents sur la personne qui en souffre. Les signes sont évidents au toucher. Le courant aussi, existe dans la réalité, parce que son action est réelle; il fait tourner le ventilateur, il fait briller l'ampoule. C'est ce qui arrive pour le Saint-Esprit; les personnes qui se sont baptisées, ont eu une expérience inoubliable leur permettant de grandir dans leur compréhension et dans la pratique de leur vie chrétienne.

Sans la sanctification, personne ne peut s'approcher de Dieu. Les Sacrificateurs devront se sanctifier soigneusement avant d'entrer dans la présence de Dieu, dans le Lieu Très Saint. Ce fut la même chose pour Moïse, il devait se sanctifier pour s'approcher de Dieu. À un certain moment, l'Éternel avait donné un rendez-vous à Moïse, au mont Sinaï, Il voulait que le peuple accompagne Moïse pour qu'il soit témoin oculaire de cette rencontre. L'Éternel a ordonné que le peuple soit sanctifié pendant au moins trois jours, même s'il devait suivre cette rencontre à distance, Exode 19. Donc, la sanctification peut entraîner le baptême du Saint-Esprit. L'Éternel pour son besoin, peut susciter dans la vie de ses enfants des situations pour détruire le pouvoir de l'homme charnel; et les mettre dans un esprit d'impuissance et de dépendance totale. Il peut de cette façon, créer les conditions favorables au baptême du Saint Esprit.

Le Saint-Esprit est une personne vivante. Dans nos expériences de vie chrétienne, nous avons intérêt à nous sanctifier, à mener une vie de consécration personnelle, par la prière et un style de vie axée sur la parole de Dieu et l'humilité; afin d'expérimenter le baptême du Saint-Esprit. Il n'est pas bon de passer toute notre vie dans le parvis, sans avoir eu l'occasion un jour de nous revêtir de l'habit sacerdotal pour pénétrer dans le Lieu Très-Saint, c'est-à-dire, approcher de Dieu par l'expérience du baptême du Saint-Esprit. Car, Jésus disait à Nicodème qu'il ne peut pas entrer dans le royaume de Dieu s'il ne reçoit pas la naissance du Saint-Esprit. Je crois que cette même recommandation s'adresse aussi à nous qui vivons à la fin des temps.

3. Le baptême du Saint-Esprit

Vers les années 80, j'avais un collègue de travail qui avait une formation en administration. Il répétait souvent que la connaissance est un pouvoir, dans la mesure qu'elle permet de prévenir, d'anticiper, voire prendre des décisions éclairées. Dans Osée 4:6, l'Éternel a déclaré que « son peuple périt par manque de connaissance ». Quand nous analysons certaines péripéties du peuple Israël, dans l'Ancien Testament, nous imaginons à certaines occasions, s'il le savait, il aurait pu se repentir pour éviter la déportation, et d'autres conséquences désastreuses découlant de leurs fautes. Il m'est déjà arrivé d'être coincé dans une situation difficile dont la solution requérait une certaine démarche spirituelle. J'ai réagi de façon maladroite, parce qu'il me manquait une information spirituelle qui aurait pu changer mon attitude, face à la situation. Par conséquent, je suis resté pris plus longtemps, le problème s'est accentué davantage, et les conséquences deviennent plus importantes. D'autre part, quand-t-il s'agit de la bible, je cherche toujours à m'approcher le plus proche de la vérité, jusqu'à la saisir, s'il est possible. Il est vrai que ce qui importe le plus, c'est de développer et d'entretenir une bonne relation avec Jésus-Christ. Mais, il est tout aussi important de comprendre ce qu'Il veut nous dire à travers sa parole. Si je ne comprends pas bien, il se pourrait qu'il me demande d'aller à gauche, et que je pars à droite.

Le mot baptême dans la bible est rattaché à d'autres termes pour donner des significations nuancées, selon le contexte de son utilisation. Tous les nouveaux croyants doivent être baptisés au nom du Père, du Fils, et du Saint-Esprit; suivant la recommandation de Jésus-Christ à ses disciples dans Mathieu vingt huit. Le croyant qui est baptisé au nom de Jésus-Christ, après avoir pris un engagement sincère et publique reçoit le Saint-Esprit, selon la promesse de Jésus. Il est aussi vrai, que le Saint-Esprit qui doit travailler dans la vie de ce croyant pour produire la nouvelle naissance. Il reçoit l'autorisation d'exercer son ministère à partir de cet engagement publique, Jean 3:6. Donc, par le baptême, nous donnons à Dieu le droit de propriété sur nous par alliance. Il y a un autre thème très significatif, baptiser dans la mort de Jésus. Ceci est inclus dans baptiser en son nom. Les officiants répètent toujours au nouveaux baptisés que: je vous baptise au nom du Père, du Fils, et du Saint Esprit. Lorsqu'on est plongé dans l'eau, cela veut dire qu'on est immergé ou enseveli avec notre vieil homme, qui est appelé à être détruit. Baptiser dans la mort de Jésus-Christ, veut dire que le vieil homme du croyant doit mourir en relation ou en conformité avec la mort de Jésus-Christ. Colossiens 2:12, «...ayant été ensevelis avec lui par le baptême, vous êtes aussi ressuscités en lui et avec lui par la foi en la puissance de Dieu, qui l'a ressuscité des morts ».

En ce qui concerne l'appellation Baptême du Saint-Esprit (Luc 3:16), elle vient de Jean-Baptiste, et repris par d'autres apôtres dont Paul. Ce thème fait surtout référence à l'effusion du Saint-Esprit le jour de la Pentecôte. Pour comprendre sa signification, analysons les faits qui se sont produits en ce jour. Les disciples avaient déjà reçu le Saint-Esprit, car, Jean rapporte au chapitre 20:21,22 : « Que la paix soit avec vous! Comme le Père m'a envoyé, moi aussi je vous envoie. Après ces paroles, il souffla sur eux, et leur dit: Recevez le Saint-Esprit ». Pour cette occasion, le thème Baptême du Saint-Esprit n'a pas été utilisé. Ce qui prouve que le baptême du Saint Esprit est une manifestation remarquée et ponctuelle du Saint Esprit, comme ce fut le cas, lors de la Pentecôte.

> *Le baptême du Saint Esprit est une manifestation remarquée et ponctuelle du Saint Esprit, comme ce fut le cas, lors de la Pentecôte.*

« Le jour de la Pentecôte, ils étaient tous ensemble dans le même lieu. Tout à coup il vint du ciel un bruit comme celui d'un vent impétueux, et il remplit toute la maison où ils étaient assis. Des langues, semblables à des langues de feu, leur apparurent, séparées les unes des autres, et se posèrent sur chacun d'eux. Et ils furent tous remplis du Saint Esprit, et se mirent à parler en d'autres langues, selon que l'Esprit leur donnait de s'exprimer. Or, il y avait en séjour à Jérusalem des Juifs, hommes pieux, de toutes les nations qui sont sous le ciel. Au bruit qui eut lieu, la multitude accourut, et elle fut confondue parce que chacun les entendait parler dans sa propre langue. Ils étaient tous dans l'étonnement et la surprise, et ils se disaient les uns aux autres : Voici, ces gens qui parlent ne sont-ils pas tous Galiléens? Et comment les entendons-nous dans notre propre langue à chacun, dans notre langue maternelle »? Actes 2:1-8

La Pentecôte fut une journée inaugurale où le Saint Esprit devient disponible pour tous les croyants. Elle est une manifestation visible du Saint-Esprit sur des croyants. L'Ancien Testament abonde d'exemples

Chapitre 10 Le Baptême du Saint Esprit

semblables à celui de la pentecôte, mais sur le plan individuel. Nous devons comprendre que le baptême est un mot du christianisme. Il est une étape dans le développement du plan du salut. Jean-Baptiste avait commencé à baptiser sous l'inspiration du Saint-Esprit. Jésus a donné l'exemple en se faisant baptiser; puis avant de monter au ciel, il a donné pour mission à ses disciples de tous les temps d'aller partout dans le monde prêcher la bonne nouvelle, et celui qui croira sera baptisé au nom du Père, du Fils, et du Saint-Esprit. Le baptême du Saint Esprit, permet au croyant d'avoir une idée plus nette de sa Personne, de sa présence, et de son œuvre. Si le Saint Esprit était une Personne totalement silencieuse, il serait difficile pour le croyant de parler de Lui de façon convaincante. Ce baptême a pour but, non seulement de nous fortifier sur le plan spirituel, mais de démontrer la véracité de cette promesse de Jésus. Il représente aussi une merveilleuse expérience dans la vie du croyant. Cela peut aussi l'encourager à s'approcher davantage du trône de la grâce, en d'autres thèmes de Jésus-Christ.

Certaines personnes croient qu'il est facile de recevoir le Saint Esprit par l'imposition des mains, comme cela arrivait en des occasions au temps des Apôtres. Je ne suis pas totalement contre cette manière de penser, puisqu'on trouve des exemples dans les écritures sacrées. Mais, j'imagine que si je mène une vie spirituelle qui n'est pas conforme à la volonté de Dieu; l'imposition des mains ne pourra pas avoir le résultat escompté. Je conseillerais à toute personne qui aimerait expérimenter la puissance du Saint Esprit, de mener une vie chrétienne active et engagée, en plus de chercher à s'approcher de Dieu par la prière et le jeûne dans la sanctification. C'est le chemin le plus sûr pour y arriver. Le baptême d'eau et le baptême du Saint Esprit étaient complémentaires au temps des Apôtres. Aujourd'hui encore, ils devraient l'être, parce que sans cette expérience le croyant nage dans l'imagination, dans l'imagination; voir: Ac.19:1-6; Ac.1:4,5; Mat.3:11; Lc 1: 41, 67,68; Jn 1: 33; Ac. 10: 44-47; Ac.2:4; Ac.11:15.

Nous sommes unanimes sur le fait qu'il y a un Dieu Créateur en trois personnes: Le Père, le Fils, et le Saint Esprit. Ces trois personnes sont intimement liées dans une unité parfaite. La présence de Jésus c'est la présence de Dieu (Jn 14:9). La présence du Saint Esprit c'est la présence de Dieu. Un péché contre le Saint Esprit équivaut à un péché contre Dieu. Le premier verset de la bible exprime bien cette idée. Dans ce texte (Gen 1:1), le mot Dieu est traduit par le nom hébraïque « Elohim ».

C'est une forme plurielle, pourtant le verbe créa est au singulier. Donc, Dieu se manifeste en trois personnes dans sa démarche pour exécuter le plan du salut en faveur de l'humanité. D'abord, la bible présente le Saint Esprit comme étant l'Esprit de Dieu. Nous pouvons vérifier cela dans ces textes de référence qui suivent: Gen.1:2; 41:38; Ex.31:3; 35:31; Nom.24:2; Jg.3:10; 11:29; 13:25; 14:19; 1Sam.10:10; 11:6; 16:13,14; 19:23; 2Sam.23:2; 1R18:12; 22:24; 2R2:16; 2Chr.18:23; 24:20; És.11:2; 40:13; 59:19; 63:14; Mat.3:16; 10:20; 12:28; Lc 4:18; Ac 2:17; 8:39; Rom 8:9 Ac 16:7; Jn4:18.

Le Prophète Joël au chapitre 2, le verset 28 a prophétisé sur l'effusion du Saint Esprit qui allait se produire selon la promesse de Jésus-Christ. Cette prophétie a été reprise dans Actes 2:17. Si nous continuons cette quête, nous pouvons repérer dans la bible d'autres textes annonçant le baptême du Saint Esprit (Mat 3:11; Lc 3:16; Jn 1:33; Ac 1:5 Mc 1:8). Il est important de faire la différence entre les textes qui annoncent le baptême du Saint Esprit et ceux qui parlent de l'expérience de ce baptême. Notons maintenant, des textes qui mettent en lumière le baptême du Saint Esprit (Lc 1:41,42, 67-69; Ac 2:4; 4:8,31; 9:18; 13:9; Lc 3:22; Ac 10:44; 11:15; 19:6. Le texte principal où le baptême du Saint Esprit a eu lieu de façon grandiose, c'est Actes 2:4, lors de la Pentecôte. Si nous lisons Actes 19:1-6, ce texte nous démontre clairement que le baptême du Saint Esprit est une présence remarquée et ponctuelle où le bénéficiaire même s'il reste conscient, n'a pas le contrôle sur ses actions pendant le temps qu'il est rempli. Le texte d'Actes 2:4, nous dit: que les gens qui furent remplis du Saint Esprit, parlaient selon que l'Esprit leur donnait de s'exprimer. Dans ce cas, le Saint Esprit met la personne dans une sorte d'extase, et prend le plein contrôle de son esprit. C'est pourquoi, nous remarquons qu'au moment où la personne est remplie, il réagit spontanément par une action qui glorifie Dieu.

Je parle ici par expérience personnelle d'une part, et par observation d'autre part; parce que j'ai déjà vu dans une église SDA au cours d'une semaine de prière cette manifestation de l'Esprit que nous pouvons appeler le baptême du Saint Esprit, sur une dame d'une cinquantaine d'année. Dans certains textes de l'Ancien Testament les gens disent souvent: l'Esprit m'a saisi, l'Esprit m'a fait faire telle action...Ce qui veut dire que la personne n'a pas le contrôle de son action pendant le temps qu'elle est remplie du Saint Esprit. Enfin, que le Saint Esprit accompagne chaque lecteur et lectrice qui cherche à entrer en communion avec Lui.

4. Le Saint Esprit avant le baptême

« Comme Pierre prononçait encore ces mots, le Saint Esprit descendit sur tous ceux qui écoutaient la parole. Tous les fidèles circoncis qui étaient venus avec Pierre furent étonnés de ce que le don du Saint Esprit était aussi répandu sur les païens. Car ils les entendaient parler en langues et glorifier Dieu. Alors Pierre dit : Peut-on refuser l'eau du baptême à ceux qui ont reçu le Saint Esprit aussi bien que nous »? Actes 10:44-47. Dans l'exemple ici, nous avons vu que des païens qui dans leurs cœurs avaient cru en Dieu, ont reçu le Saint Esprit avant même qu'ils soient baptisés. Nous pouvons déduire que l'obtention du Saint Esprit peut précéder le baptême. Il suffit d'avoir la foi en Dieu, et de prendre la décision de suivre Jésus dans la sincérité. C'est le sens de Jean dix sept, verset vingt six, qui dit quand l'amour de Dieu est en nous, Jésus peut être en nous, par la personne du Saint Esprit. Nous acceptons que le baptême est un symbolisme sacré, scellé par le sceau de Dieu; mais la sincérité du cœur du croyant joue un rôle crucial dans la libération de la puissance du Saint Esprit. C'est ce qui explique que des croyants peuvent recevoir le Saint Esprit avant le baptême, et d'autres semblent ne pas le recevoir même après avoir été baptisés. Dieu veut susciter en nous le vouloir, et il veut voir à l'œuvre ce désir de marcher à sa poursuite.

5. Le Saint Esprit et des prophètes

Ézéchiel raconte que : Dès qu'Il m'eut adressé ces mots, « l'Esprit entra en moi , et me fit tenir sur mes pieds », Ezéchiel 2:2. Dans 2 Chronique 20:14, « l'Esprit de l'Éternel saisit au milieu de l'assemblée », Jachaziel. 1 Samuel 19:20, « l'Esprit de l'Éternel saisit les envoyés de Saül, et ils se mirent à prophétiser ». Samson, « à trois fois devant le lion : à Askalon, et à Léchi, l'Esprit de Dieu l'a saisi, et sans rien à la main, Samson déchira comme un chevreau », Juges 14:6, 19; 15:14. Michée s'écria au chapitre 3:8 qu'il est rempli de l'Esprit de l'Éternel. La façon que le Saint Esprit intervenait dans certains cas dans l'Ancien Testament, est comparable à certains aspects de la Pentecôte. La personne qui l'a reçu le ressent avec force, et les autres personnes présentes peuvent constater sa manifestation.

6. Des rôles du Saint Esprit

« Et quand il sera venu, il convaincra le monde en ce qui concerne le péché, la justice, et le jugement: en ce qui concerne le péché, parce qu'ils ne croient pas en moi; la justice, parce que je vais au Père, et que vous ne me verrez plus; le jugement, parce que le prince de ce monde est jugé. J'ai encore beaucoup de choses à vous dire, mais vous ne pouvez pas les porter maintenant. Quand le consolateur sera venu, l'Esprit de vérité, il vous conduira dans toute la vérité; car il ne parlera pas de lui-même, mais il dira tout ce qu'il aura entendu, et il vous annoncera les choses à venir. Il me glorifiera, parce qu'il prendra de ce qui est à moi, et vous l'annoncera », Jean 16:8-14

Les fonctions du Saint Esprit sont multiples. Sans lui, nous sommes inconscients de notre état de péché, nous sommes incapables de pratiquer la justice ni de comprendre que nous serons appelés en jugement pour nos actions secrètes et publiques. Sa plus importante fonction, serait son œuvre transformatrice dans la vie des croyants pour qu'ils deviennent des chrétiens nés de nouveau qui mènent une vie spirituelle fructueuse, en relation avec celle de Jésus Christ. Dans Éphésiens 4:30, Paul nous dit : « N'attristez pas le Saint Esprit de Dieu, par lequel vous avez été scellés pour le jour de la rédemption ».

7. Pourquoi nous ne devons pas attrister le Saint Esprit?

Quand le Saint Esprit est triste à cause de nos comportements désagréables, il cesse en nous ses activités, sauf pour nous convaincre de péché. Ainsi, nous deviendrons faibles et pauvres spirituellement. « Pour vivre une vie chrétienne authentique, nous devons avoir un caractère authentique, c'est-à-dire, naturel, vrai, sincère, juste ». Certains prédicateurs nous encensent souvent par des messages axés sur la grâce. Il est indéniable que nous sommes sauvés par grâce, par le moyen de la rédemption. Après s'être sauvé d'un monde voué à la perdition, Jean 12:31, le croyant doit suivre les prescriptions divines pour se maintenir dans sa volonté, dans le cheminement qui conduit vers la vie éternelle, à la Nouvelle Jérusalem. Ce fut la situation du peuple Juif dans le désert. Il devait obéir aux directives de l'Éternel pour pouvoir entrer en Canaan. J'aimerais vous inviter à lire soigneusement les chapitres 4 et 5 des épîtres aux Éphésiens. La première partie du chapitre 4, parle sur l'unité de la foi. L'unité de la foi fait référence à l'unité dans la croyance, sous l'influence du Saint Esprit. Le fait de croire dans les mêmes vérités peut nous donner une vision commune des choses éternelles, et développer en nous le sentiment de respect, de solidarité, et d'entraide. Les versets 11 à 13 sont révélateurs en ce qui concerne la qualité relationnelle que l'Éternel réclame de ses enfants. Certains dons aident à réparer les liens brisés, à redresser les situations désespérées, pour l'édification du corps de Christ.

8. La tristesse du Saint Esprit

Revenons sur ce important texte d'Éphésiens 4:30 qui dévoile la réaction du Saint Esprit face à nos comportements répréhensibles. Ce texte nous fournit deux informations importantes : le Saint Esprit peut être attristé à cause de nos mauvais comportements, et nous avons été scellé du Saint Esprit pour le jour de la rédemption. Donc, Jésus nous donne le Saint Esprit pour demeurer en nous et pour nous accompagner dans notre développement spirituel en prévision du jour de la rédemption. D'autre part, il est important de savoir le comportement adopté par le Saint Esprit quand il est attristé, et ses implications dans la vie du croyant qui devrait bénéficier de sa présence active.

Paul nous énumère dans Éphésiens 4:17 jusqu'au chapitre 5:21, une liste de péchés qui attristent le Saint Esprit. De cette liste nous aimerions mentionner les plus subtils, qui sont les plus dangereux; parce qu'ils paraissent insignifiants, ils intègrent facilement notre routine de vie, et la société a tendance à les accepter. Pourtant, les règles de la sainteté de Dieu sont immuables. La sainteté de Dieu est opposée au péché. « Sans la sanctification personne ne verra la face de Dieu », Hébreux 12:14. Le Saint Esprit est Dieu, en raison de l'unité de la divinité, c'est pourquoi nous pouvons pécher contre lui. L'apôtre nous met en garde contre l'impureté, les convoitises trompeuses, le mensonge à son prochain, les paroles mauvaises, l'amertume, l'animosité, la calomnie, la méchanceté, la clameur (éclats de voix et insultes), les paroles déshonnêtes, les propos insensés, les plaisanteries et toutes choses contraires à la bienséance, pour éviter d'attrister le Saint Esprit.

Personne ne peut dire qu'elle a vu le Saint Esprit, et son visage a l'air triste. Par contre, nous pouvons percevoir et ressentir son action. Notre léthargie spirituelle peut nous amener à conclure que nous avons besoin de nous sanctifier, pour nous revêtir de la puissance du Saint Esprit. Si nous remarquons que le côté charnel de notre âme prend plus de place dans nos décisions et nos actions; nous pouvons déduire que le Saint Esprit est attristé. Quand il est triste, il reste inactif, mais continue à nous convaincre de prendre conscience de notre situation. La bible indique que le Saint Esprit peut nous fuir dans le cas d'un blasphème ou d'un outrage, Luc 12:10; Hébreux 10:29. Ces deux mots ont des significations très rapprochées en français comme en grec, (injure, insulte, outrage). Ce qui veut dire blasphémer le Saint Esprit, c'est aussi l'outrager. L'apôtre Jean dans Apocalypse 21:8 mentionne une liste de comportements humains qui déplaisent à Dieu. Nous pouvons imaginer qu'ils attristent aussi le Saint Esprit. Paul nous suggère d'autres attitudes à éviter, dans 2 Thimothée 3:2-4; Romains 1:29-31, afin de rester en accord avec le Saint Esprit. Le Saint Esprit, selon Actes 1:8, est une puissance divine qui nous rend aptes à témoigner pour Dieu en actes et en paroles, de façon conforme à sa volonté. Une fois qu'il est attristé, nous devenons inactifs et inefficaces. Pour avoir une idée plus nette de ce que veut dire attrister le Saint Esprit, laissez-moi vous rapporter le témoignage d'un malfaiteur, raconté après sa conversion.

Cet ancien malfaiteur converti avait projeté de kidnapper par une voie invisible, un enfant dont la mère est chrétienne. Le jour arrive où il doit exécuter son plan. Tandis que l'enfant jouait à l'extérieur de sa maison avec d'autres enfants de son voisinage, l'homme dans sa science maléfique vole au-dessus des enfants à une certaine hauteur pour essayer de capturer l'enfant. Sa mission était difficile, parce qu'il a vu deux Anges en habits de soldats qui sécurisent l'enfant. Il reste en attente à cause de la présence de ces Anges qui l'empêchent de s'y approcher. Après quelques minutes une dispute s'est éclatée entre les enfants. Les Anges sont attristés, ils s'enfuient; et le malfaiteur s'empare de l'enfant pour l'emporter à sa maison. L'Éternel dans sa miséricorde allait inciter par le Saint Esprit, la mère à rechercher son enfant subitement disparu. Le Saint Esprit a dirigé la servante dans la maison où son enfant est capturé pour le récupérer. Une histoire qui finit bien. Mais si les deux Anges à l'instar du Saint Esprit, peuvent être attristés par une dispute entre des enfants; ils le seront davantage, s'il s'agissait d'adultes. C'est une source de réflexion pour nous, en tant que croyants. Nous devons faire attention aux situations conflictuelles. Ce n'est profitable ni pour l'un, ni pour l'autre; encore plus pour celui qui garde rancune ou pour celle qui a tort.

9. Des raisons de sa tristesse

Pour le Créateur, les noms revêtent d'une importance particulière. Il s'est lui-même présenté en des circonstances spécifiques sur des noms qui révèlent des aspects particuliers de son caractère en lien avec son

Chapitre 10   Le Baptême du Saint Esprit   143

intervention, Ésaie 9:5; Exode 3:14; Psaume 18:32; Genèse 17:1). Il en sera de même du Saint Esprit qui prendra des noms différents en lien aux divers aspects de son œuvre. L'Éternel a changé le nom d'Abram en Abraham, dans le but de le bénir et de changer sa destinée. Genèse 17:5, « Désormais ton nom ne sera plus Abram (Père éminent), mais Abraham (Père d'une multitude), car je ferai de toi le père d'une multitude de peuples ». Il changea le nom de Jacob en Israël. Genèse 32:28, 29; « l'Ange de l'Éternel dit à Jacob: Désormais, tu ne t'appelleras plus Jacob, mais Israël ». Jésus a aussi changé le nom de Simon en Pierre. Jean chapitre 1:42,« Jésus regarda Simon, et lui dit: Tu es Simon, fils de Jonas; tu seras appelé Céphas qui signifie Pierre ».

a) Des faits probants

René Pache, dans son livre sur « l'œuvre et la personne du Saint Esprit », a fait un travail formidable, pages 104 et 105. Dans ce paragraphe qui suit, je vais me servir de certaines de ses explications pour mettre en évidence des comportements qui attristent le Saint Esprit. Au chapitre onze, verset 2, Ésaie prophétise sur la venue de Jésus qui sera rempli de l'Esprit dans toute sa plénitude. Ces caractéristiques ne signifient pas qu'il y a plusieurs Esprits. C'est un seul et même Esprit aux vertus illimitées.

« Selon Éphésiens 5:3, toute impureté, toute souillure, attristent le Saint Esprit; parce qu'il est l'Esprit de sainteté, Romains 1:4. Quand nous ignorons les vérités spirituelles, que nous avons peu de zèle pour la lecture et l'étude de la bible; au profit de l'enseignement obscur des hommes; il est attristé, parce qu'il est l'Esprit de révélation, de sagesse, d'intelligence, et de connaissance, Ésaie 11:2; Éphésiens 1:17; Éphésiens 5:11-18. Toute mensonge, toute inexactitude volontaire, toute hérésie, toute apparence et toute attitude trompeuse, toute hypocrisie (Romains 1:18; Éphésiens 4:25; 29,31; Éphésiens 5:2,4), l'attristent parce qu'il est l'Esprit de vérité, Jean 14:17. Il est l'Esprit de foi (2Corinthiens 4:13; Jacques 1:6), tous nos doutes, nos découragements, nos questionnements perpétuels, l'affligent. Il est l'Esprit de gloire (1 Pierre 4:14), tout ce qui est charnel, mondain, terrestre, dans nos cœurs (Romains 1:28-32), l'affecte. Il est l'Esprit de force et de vie, une puissance; (Romains 8:2; 2Timothée 1:7; Actes 1:8); la mort et la faiblesse spirituelle, le manque de développement intérieur, le manque de puissance spirituelle le chagrinent. Il est l'Esprit d'amour et de grâce, (2Timothée 1:7; Hébreux 10:29 ; Éphésiens 4:32, Éphésiens 5:1,2), notre refus de pardonner, la dureté de nos cœurs, notre indifférence face à la souffrance et à la perdition des âmes, notre tiédeur à l'égard de Dieu, l'attristent ». Nous pourrions ajouter d'autres exemples dans le but de cristalliser davantage notre réalité spirituelle par rapport à ce qu'elle devrait être. Mais, ces exemples suffisent pour nous encourager de poursuivre le chemin à la recherche des pierres précieuses. C'est surtout le but de cet exercice.

b) Pour aller plus loin

Selon qu'il est écrit, tous les fils d'Adam sont charnels; quel que soit l'endroit où ils vivaient et l'époque où ils évoluaient; à moins qu'ils aient subi la nouvelle naissance, c'est-à-dire, né de l'Esprit (Jean 3:6). Par conséquent, ils sont susceptibles de commettre des erreurs produites par leurs sentiments et leurs pulsions charnelles. C'est dans le but d'utiliser la parole de Dieu pour apporter les correctifs nécessaires visant à construire comme un Architect expert, le corps de Christ, que Paul a produit des remarques sur les comportements inappropriés des premiers chrétiens. S'il arrive que les chrétiens d'aujourd'hui vivent des situations similaires, nous pourrons transposer les écrits de l'Apôtre aux églises qui en ont besoin. Il faut noter qu'à l'époque de Paul, la civilisation grecque jouait un rôle prépondérant dans le monde. C'est pourquoi la signification de certains thèmes bibliques à la lumière de la langue grecque, est révélatrice. Si nous les analysons, nous aurons une perception plus juste de certains aspects de la démarche chrétienne. Elle nous donnera une image en gros plan avec des détails plus nets. On aura une sensation de proximité avec la réalité.

D'abord, vérifions ensemble dans Éphésiens 4:31, ces trois mots connexes : amertume, animosité et colère. Les expressions « toute amertume, toute animosité », correspondent au mot grec thymos, qui veut dire crises de colère; tandis que l'expression « toute colère », dérive du mot orgê, il signifie une colère qui perdure. Dans le premier chapitre des lettres aux Romains verset 29 et aux premières épîtres aux Corinthiens 5:8, l'Apôtre a spécialement utilisé trois mots que nous tenons à commenter. Il appelle les croyants à ne pas pratiquer l'injustice, la malice, et la méchanceté. Ce sont trois caractéristiques qui englobent une multitudes d'attitudes indésirables. Ils se réfère à une manière de vivre qui vient du cœur. L'injustice vient du mot grec adikia, signifie malhonnêteté, ce qui est contraire à la justice. Donc, toute action injuste sera perçue comme de la méchanceté. La malice dérivant du grec kakia, de kakos, c'est la caractéristique d'une personne qui cherche à faire le mal de façon subtile

Chapitre 10   Le Baptême du Saint Esprit

à son prochain. C'est l'habileté à nuire ou à faire le mal par des voies détournées. La méchanceté vient aussi du grec kakia, de kakos, et signifie la volonté de faire du mal. Il est surprenant de découvrir le rapprochement entre ces mots qui expriment de toute évidence la méchanceté. Nous sommes invités à méditer sur les obstacles que ces comportements pourraient représenter pour la présence du Saint Esprit dans nos vies.

Chapitre 11
Le chrétien est un soldat

« Souffre avec moi, comme un bon soldat de Jésus Christ. Il n'est pas de soldat qui s'embarrasse des affaires de la vie, s'il veut plaire à celui qui l'a enrôlé; et l'athlète n'est pas couronné, s'il n'a combattu suivant les règles. Il faut que le laboureur travaille avant de recueillir les fruits », 2 Timothée 2: 3-6

1. Le travail du soldat

> *Le travail du soldat c'est faire la guerre, se défendre, et défendre l'État ou le royaume qu'il représente.*

« Tous ceux qui combattent s'imposent toute espèce d'abstinences... », 1 Corinthiens 9:25. Le travail du soldat c'est faire la guerre, se défendre, et défendre l'État ou le royaume qu'il représente. Il doit se priver de certains moments de loisir et de multiples privilèges de la vie, pour se consacrer à sa vie de soldat. Il doit s'entraîner en tout temps en prévision des attaques planifiées et soudaines de l'armée ennemie. Quand vous êtes un soldat, vous êtes devenus une cible; c'est la même chose pour un chrétien. Vous avez deux choix pour vous protéger contre l'offensive des soldats de l'armée adverse. D'abord, vous pouvez enlever votre habit de soldat et vous vous habillez comme un civil. Dans ce cas vous n'avez plus d'habit de protection, comme des casques, gilet pare-balle, etc. Vous n'êtes pas non plus protégés contre les balles perdues. L'autre choix c'est de vous armer convenablement, sans laisser de brèches. Il faut faire la garde, pour éviter de se faire surprendre; c'est-à-dire nous devons prier et veiller avec persévérance. Le soldat doit s'entraîner afin de bien connaître ses armes et d'être capable de les utiliser en toutes circonstances. Certaines personnes ont fait le choix délibéré de passer dans le camp de l'Ennemi et de porter son habit par crainte de la mort, (voir Hébreux 2:14). Dans l'épître aux Hébreux, Paul nous rappelle que Jésus a anéanti le pouvoir de la mort de Satan. Donc, ceux qui croient en Lui, n'ont pas à craindre la mort. « Ainsi donc, puisque les enfants participent au sang et à la chair, il y a également participé lui-même, afin que, par la mort, il anéantît celui qui a la puissance de la mort, c'est-à-dire le diable, et qu'il délivrât tous ceux qui, par crainte de la mort, étaient toute leur vie retenus dans la servitude », Hébreux 2:14, 15. Il est donc important que chaque croyant soit conscient qu'il est enrôlé dans l'armée de Jésus-Christ; et qu'il se comporte comme un soldat sous les ordres du général en chef le plus puissant du ciel et de la terre. Dans l'armée, les épaulettes sont données selon les expériences et les capacités de chacun, en tenant compte aussi des compétences dont il fait preuve dans l'exercice de ses fonctions. Le respect de la hiérarchie établie représente le principe essentiel du maintien de l'ordre et de la paix au sein de l'institution. Si nous transposons cette tradition militaire à l'armée spirituelle que nous constituons, ce sera pour nous un sujet de méditation.

2. Développer des techniques de combats

Les soldats qui ont acquis une certaine expérience dans l'art de faire la guerre, sont susceptibles de développer des techniques de combat plus efficaces. On peut être un soldat fougueux, de bonne volonté, mais par manque d'expérience, commet des erreurs anodines. Par exemple, si l'on veut s'adresser directement à Satan; on ne peut pas le faire dans une prière silencieuse. Il n'est pas capable de nous entendre. J'ai entendu parfois des témoignages des gens qui ont été attaqués par des mauvais anges pendant un voyage, ou chez eux. Dans de telles circonstances, la prière, les psaumes, les chants de louange, peuvent être efficaces; mais il ne faut pas oublier que Jésus nous donne le pouvoir de chasser Satan directement, en le commandant avec autorité en son nom. D'autre part, la malédiction est une arme que l'Ennemi utilise à outrance contre les chrétiens. Nous végétons certaines fois sous le coup des malédictions sataniques, sans s'en rendre compte. On ne peut pas conserver un travail, on ne peut pas rester dans le mariage, on ne peut pas trouver un partenaire, impossible de réussir aux études, etc. J'ai entendu l'histoire d'un chauffeur de taxi qui roule, roule; sans qu'aucun client ne sollicite son service; jusqu'au jour où quelqu'un qui est capable de voir, lui rapporte qu'il a toujours une personne avec lui dans le taxi, c'est pourquoi aucun client ne l'arrête. Rebecca Brown, dans son livre « malédiction non brisée » nous conseille de briser les malédictions au nom de Jésus-Christ, quelle que soit leur nature. « Christ nous a rachetés de la malédiction de la loi, étant devenu malédiction pour nous, car il est écrit: Maudit est quiconque est pendu au bois », Galates 3:13. Nous sommes non seulement aptes à briser les malédictions au nom de Jésus, nous pouvons aussi envoyer dans l'abîme les mauvais esprits qui y étaient associés. C'est un sujet pratique et important qui nous concerne tous. Il serait profitable de l'explorer dans le but de mieux armer pour notre combat spirituel.

3. Les armes du chrétien sont spirituelles

On rapporte l'histoire d'un homme qui avait peur. Quand ce fut le temps pour lui d'aller dormir, il avait mis une bible près de sa tête et une épée. Il réfléchissait ainsi; si un assassin vient au cours de la nuit, je le combattrai avec mon épée, mais c'est un mauvais esprit, je le confronterai avec ma bible. C'est une histoire comique qui peut faire rire, mais au moins l'homme avait compris qu'il ne pourra pas combattre le mauvais esprit avec son épée, ni avec la force de son bras. Il en est de même pour nous, les croyants; nous avons besoin de nous prémunir de toutes les armes que Dieu a mises à notre disposition. Elles sont connues sous les noms de: la vérité, la justice, le zèle de l'évangile, la parole de Dieu, le salut, la foi et la prière. Nous aimerions plus tard, parler de la prière de la foi. Il s'agit ici de deux puissantes armes qui s'intègrent pour former une arme multifonctionnelle plus redoutable.

« Au reste, fortifiez-vous dans le Seigneur, et par sa force toute-puissante. Revêtez-vous de toutes les armes de Dieu, afin de pouvoir tenir ferme contre les ruses du diable. Car nous n'avons pas à lutter contre la chair et le sang, mais contre les dominations, contre les autorités, contre les princes de ce monde de ténèbres, contre les esprits méchants dans les lieux célestes. C'est pourquoi, prenez toutes les armes de Dieu, afin de pouvoir résister dans le mauvais jour, et tenir ferme après avoir tout surmonté. Tenez donc ferme: Ayez à vos reins la vérité pour ceinture ». La vérité c'est ce qui garde en place toutes nos défenses spirituelles. La vérité et l'erreur sont deux pôles opposés. Si chacun a sa vérité, sans se soucier de la parole de Dieu, on manquera une arme offensive et défensive importante, Jean 8:32; 14:6. « Revêtez la cuirasse de la justice; mettez pour chaussures à vos pieds le zèle que donne l'Évangile de paix; prenez par-dessus tout cela le bouclier de la foi, avec lequel vous pourrez éteindre tous les traits enflammés du malin; prenez aussi le casque du salut, et l'épée de l'Esprit, qui est la parole de Dieu. Faites en tout temps par l'Esprit toutes sortes de prières et de supplications. Veillez à cela avec une entière persévérance, et priez pour tous les saints », Éphésiens 6:10-18

D'abord, Paul nous exhorte à nous fortifier dans le Seigneur, parce que nous en aurons besoin pour les moments difficiles, pour faire face aux assauts de l'Ennemi. Ce dernier a une organisation bien structurée, dont l'apôtre nous parle au verset douze. Par contre, Colossiens 1:16,17, nous donne aussi une idée de l'organisation des saints Anges de Dieu. Donc, l'organisation des mauvais anges, d'après ce texte de Paul est calquée sur ce qui se faisait dans le ciel. Il serait bon de passer en revue les différentes armes mentionnées par Paul. La vérité, la justice, le zèle de l'évangile, le salut, la parole de Dieu, la foi, la prière; ces choses ne doivent pas être l'œuvre d'un moment, mais l'œuvre d'une vie chrétienne persévérante. Le zèle de l'évangile fait appel à notre engagement dans le travail du Seigneur. Le croyant doit prendre l'habitude de dire la vérité, parce que le Saint-Esprit, c'est l'esprit de vérité; il est attristé par le mensonge. La parole de Dieu est une arme puissante; Jésus-Christ en a servie pour repousser Satan, lors de ses tentations. Nous devons aussi pratiquer à repousser les suggestions des mauvais anges en les filtrant au creuset de la parole de Dieu. La foi est importante pour nous permettre d'entrer en possession des bénédictions et des promesses divines. Quand nous demandons une chose en accord avec la volonté de Dieu, la foi nous amène à croire que nous avons déjà reçu cette chose. Le chrétien doit apprendre à utiliser cette arme, très puissante dont il dispose. Elle est défensive et offensive, elle peut nous aider à pourchasser l'Ennemi, comme elle peut l'empêcher à empiéter sur notre position en tant que chrétiens. Si c'était un livre sur la prière, on aurait pu parler de techniques de la prière basée sur la parole de Dieu. Dans un combat, les soldats expérimentés développent des techniques, pour se protéger, se défendre, pour pourchasser leurs adversaires. Les adeptes de l'Ennemi attaquent souvent le croyant sur plusieurs fronts: visible et invisible. Les attaques invisibles représentent ses démarches normales. Mais, celles qui sont visibles c'est pour entraîner le croyant dans un conflit, afin de créer une brèche, pour faciliter la réussite des attaques invisibles. C'est pourquoi, armons-nous de toute nos armes spirituelles, si nous voulons tenir ferme.

4. La puissance de nos armes

« Car les armes avec lesquelles nous combattons ne sont pas charnelles; mais elles sont puissantes, par la vertu de Dieu, pour renverser des forteresses. Nous renversons les raisonnements et toute hauteur qui s'élève contre la connaissance de Dieu, et nous amenons toute pensée captive à l'obéissance de Christ », 2 Cor 10:4,5 Comme les armes que nous utilisons dans cette guerre ne sont pas charnelles, l'homme charnel est impuissant dans ce combat. Il ne peut pas amener captives à l'obéissance de Christ, les mauvaises pensées. Nous avons souvent le réflexe de lutter contre la chair et le sang, c'est-à-dire notre prochain. L'homme fut créé bon, n'était-ce le péché? Il serait incapable de faire le mal à son semblable. Ce qui veut dire, c'est cette force dominante habitant en nous, qui nous pousse à faire des mauvais choix; n'étant pas encore pris possession de toutes les armes que Dieu a mises à notre disposition. À la suite d'une injustice, d'une incompréhension, il arrive que la chair et le sang soit blessé; et se met en colère contre son semblable, qui lui est manipulé par des suggestions démoniaques pour créer un antagoniste avec celui qui était une minute avant son bon ami. Après tout cela, l'Ennemi se réjouit de son coup, mais le Saint-Esprit, lui, devient triste devant l'échec de l'amour. Paul dit que la chair et le sang est hostile à Dieu (Romains 8:7), et qu'il ne peut pas se soumettre à Lui. C'est la chair et le sang qui veut mépriser, se venger, se montrer, s'exhiber. Il recherche sa satisfaction dans les choses matérielles. Dans un dictionnaire hébraïque, on qualifie de misérables, les choses matérielles. La réalité, c'était que tous les besoins de l'homme étaient comblés quand il était en présence de Dieu, dans le jardin d'Éden. Il ne manquait de rien. Le péché avait rompu cette relation de proximité, et un vide béant fut créé. Nous essayons de combler ce manque par l'acquisition des choses qui nous entourent. Aujourd'hui encore, nous pouvons nous réfugier en Dieu par la méditation de sa parole, la prière, la consécration, jusqu'à la sanctification; pour remplir nos cœurs et nos pensées de sa bienheureuse richesse éternelle, sa présence ou la présence de son Esprit.

L'état de péché de l'homme a donné à Satan le droit sur sa vie, c'est pourquoi ce dernier cherche par tous les moyens à prendre le contrôle du cœur de l'homme, en l'entraînant à s'enfoncer davantage dans le péché. On se rappelle de cette réponse de Jésus à Satan, pour répondre à Pierre : Retires-toi de moi Satan, Matthieu 16:23. Nous avons l'obligation de demeurer en Jésus, parce que Satan frappe constamment à nos portes, afin de trouver une brèche pour entrer dans nos vies et nous éloigner de notre Créateur. Il arrive que nous nous approprions des suggestions que Satan nous envoie sans les passer au creuset de la parole de Dieu. Dans ce cas, il influence nos décisions. Il arrive dans certaines situations qu'il prend le contrôle d'une personne, et parle même à sa place; Matthieu 8:29-31. Les démons par l'entremise des démoniaques demandent à Jésus de les envoyer dans un troupeau de pourceaux. « Celui qui s'adonne au péché appartient au Diable, car le Diable pèche dès le commencement. Or, le Fils de Dieu est précisément apparu pour détruire les œuvres du Diable », 1 Jean 3:8. Le thème s'adonner au péché veut dire, se livrer à la pratique du péché. Mais, l'apôtre Pierre reconnaît que le chrétien peut pécher, parce qu'il vit encore dans la chair, même après la destruction du vieil homme; en attendant la rédemption complète. Quand cela arrive, le sang de Christ est efficace pour y remédier. Notre Père céleste souhaite que nous commettions de moins en moins d'erreurs, au fur et à mesure que nous progressions dans la foi.

Donc, si nous faisons le bien, le Saint Esprit est attiré vers nous; par contre, quand nous faisons le mal, nous attirons les esprits démons dans nos vies qui cherchent à nous embourber davantage dans le péché. Le croyant doit se doter d'un sens de discernement aiguisé pour choisir ses habits, sa musique, ses amis, sa profession, son partenaire, ses émissions de télé, ses sites internet, ses films, ses livres de lecture, ses tableaux décoratifs pour la maison, etc. La grande majorité des choses et des activités dans le monde sont faites pour nous écarter subtilement de notre Créateur, et nous entraîner vers le mal. Il est à noter que ce discernement s'obtient par le travail du Saint Esprit dans le croyant qui s'attache à rechercher Dieu dans la prière et par la lecture de sa parole.

5. Explorer la foi

C'est la brièveté de la vie humaine qui donne un sens à l'écoulement du temps, sinon on pourrait observer vaguement l'alternance des journées et des nuits, sans se préoccuper. Comme notre corps s'use avec le poids des ans, nos jours sont comptés, nos actions le sont aussi par rapport au temps qui s'en va pour ne plus revenir. C'est pourquoi, il est important d'utiliser notre temps à bon escient. Chaque jour nous voyons sous nos yeux, nos enfants grandir pour devenir des adultes; tandis que nous nous apprêtons à les précéder dans le sommeil transitoire, en attendant la grande résurrection qui coïncidera avec le retour de Jésus-Christ. De même que l'amour a besoin de temps pour faire son œuvre dans les cœurs des deux jeunes mariés pour que l'équation divine: $1+1=1$ se réalise en eux; nous avons besoin de passer du temps avec Jésus dans une relation amicale dynamique pour développer une vie de communion avec Lui. « La foi vient de ce qu'on entend, et ce qu'on entend vient de la parole de Dieu »; Romains 10:17. Pour cerner la signification réelle de la foi, il faut appréhender si possible le comportement de l'homme, dans sa dimension mentale. En plus du travail du Saint Esprit, les exploits relatés dans la parole de Dieu doivent aussi nous servir de catalyseur pour nous diriger toujours vers l'avant. Nous pouvons ajouter à cela les expériences de chacun. Dans les difficultés, nous avons tendance à faire confiance aux amis avec qui nous avons eu des expériences antérieures positives. Il en est de même avec Dieu; le croyant doit se rendre disponible au service de son Dieu, dans un esprit d'engagement et d'obéissance sans égale. C'est ainsi que sa foi se développera à mesure qu'il chemine avec son Seigneur. Il apprendra à le connaître, à lui faire confiance, grâce aux retombées d'une relation enrichie par la révélation.

Notre Père qui est dans les cieux donne l'opportunité à chaque croyant d'expérimenter la foi. Pourtant, la foi peut paraître abstraite et volatile, aussi longtemps qu'elle ne produit pas de résultat concret. Elle est essentiel dans la vie du chrétien, parce que sans elle, il est impossible d'être agréable à Dieu; Hébreux 11:6a. « C'est par la foi que nous sommes justifiés en Jésus-Christ », Galates 2:16. « C'est aussi par la foi que nous recevons le Saint Esprit », Galates 3:14. Jésus avait qualifié ses disciples de : gens de peu de foi, pourquoi avez-vous peur? Ces derniers avaient pris panique, parce que la mer fut agitée, tandis que Jésus dormait, pendant qu'ils traversaient la mer de Galilée dans une barque avec Lui, Matthieu

Chapitre 11   Le chrétien est un soldat

8:26. Jésus parlait à propos de nos soucis et de nos inquiétudes; si Dieu a pris soins de nous créer à son image, par amour pour nous; comment accordera-t-il plus d'importance à l'herbe des champs qui est destinée à être desséchée et brûlée au feu. « Si Dieu revêt ainsi l'herbe des champs, qui existe aujourd'hui et qui demain sera jetée au four, ne vous vêtira-t-il pas à plus forte raison, gens de peu de foi? », Matthieu 6:30. Donc, avoir la foi c'est être convaincu de l'imminence d'un événement ou d'une chose. Il est vrai que Dieu dans sa souveraineté, peut accomplir un miracle pour qui Il veut, au moment qu'Il a choisi; mais il est indéniable que la foi se révèle comme le catalyseur des interventions miraculeuses de Dieu. À cause de son importance, il serait profitable de chercher à apprivoiser ce concept.

Les expériences des autres frères et sœurs peuvent servir à fortifier notre foi. Vers les années 80, je visitais une église un samedi matin, le premier ancien dans une prédication raconte les raisons de sa conversion. Il y avait un bateau dont le nom était Saint-Sauveur. Il faisait la liaison entre la capitale et plusieurs villes côtières. Un jour, le bateau a pris feu au large d'une ville qui s'appelle Dame-Marie. Un frère qui ne savait pas nager, et qui a vécu cette péripétie, racontait sa mésaventure en présence du premier ancien. Le bateau fut détruit par le feu et le frère se retrouve à la fin sur une planche qui sortait des décombres. À ce moment un Ange, prenant la forme d'une femme, se présentait devant lui sur la mer. Elle s'engageait dans un entretien avec lui. Comment vas-tu? N'as-tu pas l'habitude de me voir quand tu vas à l'église les samedi? Le frère a répondu non. L'Ange ajoute: je te vois à chaque samedi. Je me tiens toujours devant la porte de l'église, puis il a disparu. Le frère coucha sur la planche, ramait avec ses mains pour essayer de gagner la rive qu'il regardait à l'horizon. À un certain moment, la planche s'est glissée sous le frère qui s'apprêtait à immerger dans l'eau. Il explique avoir la sensation que quelqu'un l'a replacé sur la planche. Il continue à ramer jusqu'à ce qu'il arrive sur la terre ferme. L'Ange réapparu, cette fois pour lui demander si tout est correct, pour ensuite disparaître. Alors, l'ancien a expliqué que c'est après avoir entendu cette expérience qui l'avait touchée de près, qu'il a pris la décision de suivre Jésus. Cette tragédie avait frappé toute la communauté. Elle dépassait même les frontières de la ville. Nous pouvons imaginer tout l'impact de cette expérience sur les gens dans le voisinage.

6. La signification de la foi

La foi est une ferme conviction qui s'appuie sur Dieu, Jésus-Christ, sur des choses invisibles et spirituelles. C'est l'énergie intérieure du croyant qui se nourrit par la parole de Dieu et qui est dirigé par le Saint Esprit. On a souvent l'impression que d'un moment à d'autre, elle nous échappe, puis reste insaisissable à des moments où l'on en a grand besoin.

« La foi est une ferme assurance des choses qu'on espère, une démonstration de celles que l'on ne voit pas », Hébreux 11:1. On peut ajouter à ce texte de Paul, cette déclaration de Jésus qui semble être le texte original. « Tout ce que vous demanderez en priant, croyez que vous l'avez reçu, et vous le verrez s'accomplir »; Marc 11:24. Il faut se faire une représentation mentale de la chose, ou de la situation voulue; intégrer totalement son image avec un profond désir jusqu'à qu'elle se réalise. Par exemple, si nous considérons les promesses de Jésus dans la réalité de notre vie, nous devons nous regarder comme des enfants de Dieu et intégrer toutes les vertus qui caractérisent les enfants de Dieu. À chaque fois nous devons poser une action, nous devons nous regarder et nous dire: nous sommes des enfants de Dieu, nous devons vérifier si cette action est conforme à notre statut, afin d'agir de façon adéquate. Par la foi, le Saint Esprit nous aidera à s'imprégner le caractère d'un réel chrétien dont nous efforçons de faire la démonstration. Agir de cette façon, c'est faire une démonstration des choses que l'on espère. Jésus a dit qu'Il est le cep et que nous sommes le sarment; ce qui veut dire que nous formons une même plante avec lui, pour produire des fruits venant de lui. Si nous intégrons cette notion dans notre subconscient et nous nous regardons comme étant effectivement le sarment, le Saint Esprit va produire cette transformation en nous à mesure que nous cheminons. Prier en étant conscient de la présence réelle de Dieu et créer en soi l'image réelle de la chose que l'on veut voir réaliser, c'est une preuve de foi. L'histoire de cette femme chrétienne qui avait pensé à amener son parapluie; tandis qu'elle fut invitée à prier pour qu'il pleuve, illustre bien l'attitude d'une personne qui a la

> *Par la foi, le Saint Esprit nous aidera à s'imprégner le caractère d'un réel chrétien dont nous efforçons de faire la démonstration.*

foi. Car, elle a fait la démonstration qu'elle a cru que la pluie doit tomber, sur la demande de deux ou trois qui s'accordent.

À la suite de mon mariage, de graves difficultés commençaient à s'abattre sur ma femme et moi. Une collègue de travail me confessa que l'Éternel m'a sauvé plusieurs fois à main forte. J'allais perdre par la suite mon premier fils. La difficulté pour avoir un autre enfant venait se greffer sur celles déjà existantes qui tracassaient ma vie. Pour faire face à cette tempête, mon épouse et moi avons choisi de chercher le secours divin par la prière et le jeûne. Un jour, un ami qui nous aidait dans la prière est allé prier sur la montagne. Là, il a eu une vision: un Ange lui est apparu avec un bébé dans ses bras, et lui pose cette question; n'est-ce pas toi qui demande un enfant pour Jean et Marie? Il répond: Oui. Et l'Ange lui lance le bébé dans une serviette, tout en précisant que c'est une fille. Peu de temps après, ma femme sera enceinte de notre fille.

Durant la grossesse, mon épouse avait de sérieuses préoccupations concernant le fœtus qu'elle portait. Une nuit, dans une mémorable révélation un Ange prenant l'allure d'un médecin muni de plusieurs équipements médicaux branchés à un grand ordinateur est venu la consulter. L'Ange-médecin a fait pour elle une consultation complète. Puis, il lui dit que tous les résultats sont corrects; et lui remet une carte contenant son numéro de téléphone en disant: tu peux m'appeler en tout temps pour quel que soit le problème que tu as. Et l'Ange-médecin est parti. Il arrive souvent dans ces moments de difficultés que notre Père céleste cherche à développer une meilleure relation avec nous. Si nous plaçons notre confiance en Lui, en déposant à ses pieds tous nos fardeaux, Il fera éclater sa gloire dans nos vies. Il apportera des solutions étonnantes à nos situations angoissantes dont les solutions paraissaient impossibles aux yeux des humains. Et à mesure que nos expériences avec le Seigneur se multiplient, notre relation de confiance aussi augmente; jusqu'à ce rien ne peut nous séparer de son amour.

7. Des écueils à la foi

Le doute est incompatible avec la prière. Au chapitre 1 verset six, Jacques compare la « personne qui doute au flot de la mer, agité par le vent et poussé d'un côté et d'autre ». Le doute représente un obstacle redoutable sur le chemin du croyant qui l'empêche de jouir pleinement les bénédictions divines, sur le plan spirituel et matériel. Il peut provenir des sources diverses. Il peut en résulter d'un manque de confiance en soi, un échec passé peut l'alimenter. Une situation de péché non résolu, peut aussi troubler notre état de conscience. Il se pourrait que ce soit un péché pour lequel nous avons demandé pardon; mais n'ayant pas convaincu qu'il est effectivement pardonné, il nous maintient encore dans le doute. Paul, dans Hébreux 4:15,16 nous invite à demeurer ferme dans la foi, en appuyant sur l'œuvre de Jésus-Christ pour nous dans le sanctuaire céleste. « Car nous n'avons pas un souverain sacrificateur qui ne puisse compatir à nos faiblesses; au contraire, il a été tenté comme nous en toutes choses, sans commettre de péché. Approchons-nous donc avec assurance du trône de la grâce afin d'obtenir miséricorde et de trouver grâce, pour être secourus dans nos besoins ». C'est pourquoi, il est important de faire le ménage dans notre esprit, pour prendre le dessus sur le doute. Il nous faut comprendre aussi que les anges démons sont habiles aussi dans l'art de faire des suggestions, dans le but de nous amener à l'échec. Dans ce cas, nous pouvons nous référer à la parole de Dieu, pour bannir les idées négatives au profit des promesses divines qui peuvent construire des pensées positives.

La parole de Dieu nous donne l'assurance que si nous demandons pardon pour un péché, pour lequel nous avons éprouvé du remord, le péché est pardonné pourvu que nous le délaissions. « Si Dieu est pour nous, qui sera contre nous? Qui accusera les élus de Dieu? C'est Dieu qui justifie! », Romains 8:31b, 33. Jésus leur répondit : « Je vous le dis en vérité, si vous aviez de la foi et que vous ne doutiez point, non seulement vous feriez ce qui a été fait à ce figuier, mais quand vous diriez à cette montagne : Ôte-toi de là et jette-toi dans la mer, cela se ferait ». « Tout ce que vous demanderez avec foi par la prière, vous le recevrez; », Mathieu 21:21,22. Le mot naufrage utilisé dans le texte nous compare à un bateau qui pourra s'abîmer, parce qu'il a un trou, une fissure laissant l'eau y pénétrer, ou une brèche dans la conscience. Il vaut mieux résoudre les problèmes qui pourraient troubler notre conscience et nous enlèvent la conviction d'être agréable à Dieu. « En gardant la foi et une bonne conscience. Cette conscience, quelques-uns l'ont perdue, et ils ont fait naufrage par rapport à la foi », 1Timothée 1:19. N'oublie pas, la foi c'est faire la démonstration réelle dans notre esprit, de la chose que l'on veut posséder ou de la situation que nous voulons voir. Nous devons lutter pour avoir la conscience tranquille. Nos cœurs doivent être vidés de tout péché, tels que: la rancœur, l'animosité, le mensonge, la méchanceté, le dédain, la vengeance, etc. En général, le Saint Esprit rend témoignage à notre esprit pour nous faire connaître l'état de notre cœur.

Notre Père céleste est prêt à nous donner tout ce que nous lui demandons, mais devons être conscients qu'Il tient compte de sa volonté dans cette démarche. Le croyant doit vérifier grâce au discernement que lui donne le Saint Esprit dans l'exercice de sa vie chrétienne, si sa demande est conforme à la volonté de Dieu. Il est convenable de demander des choses matérielles en lien avec nos capacités. Nous comprenons que l'argent peut dénaturer une personne, comme il peut démontrer des qualités insoupçonnées qu'elle possède. Si elle se laisse diriger par l'Esprit, elle saura être un modèle de générosité et d'humilité. La bible nous donne en exemple certains serviteurs de l'Éternel à qui Il avait confié de grandes richesses, et que celles-ci ne les avaient pas empêchés de vivre dans l'humilité et dans la crainte de leur Créateur. Abraham, Isaac, Jacob, Barzillaï le Galaadite, Job, Joseph d'Arimathée, sont comptés parmi les hommes riches exemplaires de la bible.

8. La prière de la foi, une arme redoutable

La prière est une activité spirituelle, c'est le moyen que notre Créateur a mis à notre disposition pour communiquer, voire communier avec Lui. Il serait profitable, dans la mesure du possible, de passer un moment à chanter des chants inspirant avant de prier. J'entends par un chant inspirant, un chant qui élève nos âmes vers Dieu. Chacun en a quelques-uns, c'est-à-dire, des chants qui mettent notre esprit en contact avec le Saint Esprit. La nouvelle naissance qui est la renaissance de l'esprit de l'homme, a aussi pour rôle de nous permettre d'entrer en communion avec notre Seigneur par des prières spirituelles. Si nous prions sans avoir la conscience de la présence réelle de Dieu, avec qui nous nous adressons, nous prions en vain.

La prière est comme un tunnel que nous creusons pour frayer un chemin à la puissance de Dieu, déjà disponible de l'autre côté de la colline. Cette puissance est illimité, mais la grandeur de notre tunnel déterminera l'intensité de la puissance qui nous atteindra. Dans Matthieu 9:29, Jésus disait aux deux aveugles qui lui demandaient d'avoir pitié d'eux : « Qu'il soit fait selon leur foi! » Ce qui voudrait dire que la qualité de notre foi déterminera l'ampleur du résultat de nos prières. La prière est une activité qui nous exige à investir beaucoup de temps. Jésus-Christ, en qui il n'y avait aucune trace de péché, avait passé du temps considérable en prière. Qu'en est-il de nous qui sommes le produit d'un greffe, n'ayant pas une nature spirituelle pure à l'instar de Jésus-Christ? Le temps en Amérique du Nord représente une denrée rare. On essaie souvent de rallonger les journées en annexant une partie de la nuit, le problème n'est pas résolu. Quand le temps se fait rare malgré sa présence constante, les activités spirituelles sont comptées parmi celles qui en souffrent. Il serait plus profitable pour notre esprit et notre corps de faire une meilleure planification de notre temps. Jésus nous a enseigné sur l'importance de la constance dans des activités spirituelles telles le jeûne, la prière, la prédication de l'évangile. Il nous faut du temps pour y arriver, (voir Luc 18:1-8; Luc 11: 5-13).

Nous pourrions comparer la foi au rail qui fait rouler le train de la puissance de Dieu. L'état de ce rail est déterminant pour la vitesse, le trajet et la destination du train. À Marthe, la sœur de Lazare, Jésus disait : « Si tu crois, tu verras la gloire de Dieu; », Jean 11:40. Nous exerçons la foi quand notre esprit adhère avec intensité à notre sujet de prière. Cette fixation de notre esprit invitera nos cœurs à s'y joindre, c'est ainsi que la certitude s'empare de notre être. Vers les années 80, j'avais un ami, un frère avec qui je colportais des ouvrages chrétiens pendant les vacances d'été. Il était devenu malade, son corps était enflé partout. Il se rendit à l'hôpital, un médecin qui a étudié en Espagne l'avait diagnostiqué d'avoir la syrose du foie. Il a été dirigé vers les soins palliatifs. Mais, le frère n'était pas découragé; il se mettait à prier en disant qu'il ne va pas mourir, parce qu'il n'a pas encore terminé son travail de prédication de l'évangile. Croyez-moi, après plusieurs mois, le frère est retourné à l'hôpital; un médecin a eu le réflexe de le piquer pour enlever l'eau dans son corps. Ce simple geste a conduit à la guérison du frère Paguy. Cet exemple montre comment la puissance de Dieu est à l'œuvre, quand la prière et la foi se mêlent avec efficacité.

« Les paroles que je vous ai dites sont Esprit et vie », Jean 6:63b. Donc, la parole de Dieu peut intervenir dans toutes les facettes de notre vie. Elle peut nous guérir de nos maladies psychologiques et de nos maladies physiques. Elle peut nous épargner du danger. Elle peut contribuer à notre réussite et nos succès dans toutes nos entreprises. C'est à nous de croire en la puissance qui réside dans cette parole. Quand, des pensées négatives nous tracassent; nous pouvons nous en débarrasser par la lecture des textes exprimant des promesses réconfortantes. « Tout ce que vous demanderez en priant, croyez que vous l'avez reçu, et vous le verrez s'accomplir »,

Chapitre 11   Le chrétien est un soldat   159

Marc 11:24. « Si Dieu est pour nous, qui sera contre nous », Romains 8:31. « Je puis tout par celui qui me fortifie », Philippiens 4:13. Un autre texte important : « Si vous aviez de la foi comme un grain de sénevé, vous diriez à ce sycomore, déracine-toi, et plante-toi dans la mer; et il vous obéirait », Luc 17:6. La même question me revient: Qu'est-ce que la foi? D'après Marc 11:24 et Hébreux 11:1, la foi est une réelle démonstration mentale de la chose espérée ou de la situation que l'on veut voir. Il ne fait pas de doute, Dieu nous aime, Il veut notre bien; si nous avons la foi; qui peut empêcher notre succès? Si nous nous procurons toutes les armes que Dieu a mises à notre disposition, qui peut barrer notre chemin? « En vérité, en vérité, je vous le dis, celui qui croit en moi fera aussi les œuvres que je fais, et il en fera de plus grandes, parce que je m'en vais au Père; et tout ce que vous demanderez en mon nom, je le ferai, afin que le Père soit glorifié dans le Fils. Si vous demandez quelque chose en mon nom, je le ferai », Jean 14:12-14. Je l'impression que le mot foi n'a pas livré tout son inconnu. Je suis conscient qu'il y a beaucoup de miracles qui se font à travers le monde, mais nous aurions dû faire plus, selon cette promesse de Jésus-Christ.

Chapitre 12
Une destination extravagante

Notre destination qui sera notre résidence permanente n'est comparable à aucune place déjà vue et visitée sur la planète Terre. Nous ne pouvons pas l'imaginer, ni la décrire. Les bénéfices d'une amitié sincère et dévouée, c'est l'amour authentique. Jésus appelle ses disciples, frères et amis. Quand l'amour véritable se développe entre le Rédempteur et le croyant de manière à cimenter leur relation; ce dernier se sentira contraint de poursuivre la présence Dieu jusqu'à l'attraper. La sensation de rapprochement et d'éloignement alternés, provoqués par le dessus-dessous et le dessous-dessus entre la chair et l'esprit, pousse le croyant à rechercher constamment l'équilibre parfait pour garder cette présence. Cette quête incessante tiendra son amour vivant aussi longtemps qu'il vit. Cet engrenage d'amour, débouche sur la gare où passe le train qui voyage vers l'éternité.

1. Le retour glorieux de Christ

Depuis l'implantation de l'église chrétienne, le royaume de Dieu dans sa phase spirituelle et préparatoire, cohabite sur la terre avec le système du monde qui évolue dans le sens opposé. L'établissement physique de ce royaume sur la terre demande une longue période de transition. Celle-ci n'est pas seulement le passage d'un état de péché à un état de sainteté sur une terre restaurée; elle s'inscrit aussi dans une transformation progressive de l'homme spirituel qui a vécu après que la révélation divine ait atteint son zénith. À mesure que Dieu dévoile la révélation sur le plan du salut, l'obscurantisme spirituel de l'homme s'amoindrit. Ce dernier doit ajuster sa vie spirituelle en fonction de la lumière reçue. Ce changement individuel et contextuel, aura pour résultat le progrès et la transformation spirituels du croyant, en vue du retour du Christ. Notre cheminement spirituel s'inscrit dans un processus de transformation graduelle qui se culminera à l'achèvement de cette nouvelle création dont parle l'Apôtre Paul dans Romains 8:22. « L'église sera pesée dans les balances du sanctuaire. Elle sera jugée selon les privilèges et les avantages qui lui ont été accordés. Si son expérience spirituelle n'est pas à la hauteur des grâces que le Christ lui a consenties à un prix infini, si les bénédictions qui lui ont été accordées ne l'ont pas qualifiée pour accomplir le travail qui lui a été confié, alors la sentence tombera sur elle : « Trouvé léger », E.G.W, Évènement des derniers jours, p.62.

a) Des annonces prophétiques sur ce retour

Jésus avait lui-même annoncé son retour avant sa mort, Mathieu 24: 30,31; Il a réitéré cette promesse après sa résurrection, Jean 21:22; deux Anges ont encore confirmé cette prophétie, lors de son ascension, Actes 1:10,11.

b) Des raisons de sa venue

Jésus-Christ reviendra bientôt selon qu'il est écrit dans sa parole prophétique, pour remettre la Royauté à son Père, 1 Corinthiens 15:24; pour qu'il règne sur le monde, Apocalypse 11:15; pour mettre en lumière tout ce qui était caché, 1 Corinthiens 4:5; pour juger les vivants et les morts, Mathieu 25:31- 46; pour prendre les élus avec lui, Jean 14:3.

c) Des caractéristiques de son avènement

Ce retour sera imprévisible, Mathieu 24: 27; Marc 13: 35-37. Il est inattendu, Luc 12: 40 et 2Pierre 3:10. Jésus viendra sur les nuées avec puissance, Mathieu 24: 30; Marc 12: 62. Il sera visible, Apocalypse 1:7. Il sera accompagné d'un grand bruit, 1Corinthiens 15:51s.

d) des promesses pour les sauvés

L'œuvre du Christ s'achèvera dans la vie des croyants qui seront transmués, Philippiens 1:6; Jude 24. Ils seront saints et irréprochables, 1 Corinthiens 1:8; 1 Thessaloniciens 3:13. Ils recevront un corps incorruptible, 1 Corinthiens 15: 42-53. Ils porteront l'image du Christ, Philippiens 3: 20, 21; 1 Jean 3: 2. Ils recevront une couronne, 1 Corinthiens 9: 25; 2 Timothée 4: 8; Jacques 1:12. Ils règneront avec le Christ, 2 Timothée 2: 12; Apocalypse 22:5.

Le but de ce livre n'est pas de vous dresser une liste exhaustive des signes avant-coureurs du retour de Jésus. Nous aimerions partager avec vous les qualités spirituelles nécessaires que notre statut de chrétien et de disciple requiert. Nous sommes conscients que des évènements anodins nous disent que le retour de Christ est proche; mais, nous sommes surtout préoccupés de l'état de notre préparation spirituelle. Voilà, le but de cet ouvrage : nous aider à nous préparer pour ce retour glorieux.

2. La vraie demeure du croyant: la maison paternelle

La réelle demeure de l'homme c'est sa maison paternelle. Il peut retrouver son bien-être, seulement dans la maison de son Père. La parabole du fils prodigue (Luc 15), est une expression d'amour et de miséricorde de Dieu; en dépit de la volonté de son enfant de laisser la demeure paternelle, pour dissiper son héritage. Cette parabole étale la déchéance de l'homme dans sa courbe descendante et la détérioration de sa qualité de vie, sur le plan moral, financier, et social, une fois qu'il abandonne la maison paternelle. C'est seulement la présence de Dieu qui peut orienter l'homme vers le bien. Satan fut, dans le ciel en la présence de Dieu, un Ange de lumière. La parole de Dieu et nos expériences chrétiennes nous démontrent qu'une fois qu'il est chassé de la présence de Dieu, après son péché; il est devenu Satan et cherche à s'en prendre à tous les hommes. Ses acolytes, eux, sont transformés en démons. L'être humain privé de la présence divine est devenu charnel, Genèse 6:3. De plus, c'est la présence de Dieu qui peut combler tous les besoins dans le cœur de l'homme. Dans le jardin d'Éden, Adam et Ève ne manquaient de rien. Mais, l'absence de Dieu dans la vie de l'homme a créé un manque qui se manifeste par des besoins multiples. C'est à partir de ce moment que nos pulsions charnelles nous poussent à la convoitise.

Chapitre 12 Une destination extravagante

> *Le vide qui se crée dans la vie de chacun est proportionnel à la distance qui le sépare de la présence de Dieu.*

Le vide qui se crée dans la vie de chacun est proportionnel à la distance qui le sépare de la présence de Dieu. Ainsi, les besoins pour combler ce vide varient d'une personne à l'autre, selon qu'elle se rapproche ou s'éloigne de cette présence. La langue hébraïque, reconnue comme la langue d'expression divine, nous enseigne à certains égards. Le mot hébreux, « Ebe » signifie : volonté, désir. Un autre mot dérivé, « Ebion » signifie misérable, nécessiteux, et marque le défaut de toutes les choses nécessaires à la vie, Psaume 132:15. Le mot « AEbion », voudrait dire dénué d'entendement et d'intelligence. Il veut dire aussi celui qui désire continuellement les choses nécessaires pour la vie. Donc, l'homme déchu est devenu, misérable, nécessiteux; parce qu'il lui faut les choses vaines et futiles sous le soleil, pour satisfaire les besoins de son cœur.

Nous allons explorer un autre mot hébreux, « Hebel » qui veut dire vanité. Dans Jérémie 2:5, l'Éternel demandait à son peuple pourquoi l'abandonner pour partir après des choses futiles (hebel)? Le thème hebel signifie aussi vapeur, souffle, futilité, néant. Salomon dans Ecclésiaste 1:2, répète comme un hymne : Vanité des vanités; tout n'est que vanité. Au chapitre 2, il poursuit pour dire que: Sous le soleil, tout n'est que vanité et poursuite du vent. Il fut un roi incomparable, il a connu la gloire, il a eu de la richesse; mais, sa sagesse lui a permis enfin, de comparer tout cela à la plus grande des vanités. À l'époque où vivait le roi Salomon, sa renommée d'homme le plus sage dépassait les frontières de son pays. Des dignitaires venaient de partout pour le rencontrer, afin de constater de plus près ce qu'ils ont entendu. Pour mieux cerner la démarche du roi, il serait important de poser la question: en quoi consiste la vraie sagesse? Quelle est sa source?

Voilà un homme dont l'histoire révélée dans la bible est un mythe pour certains, une réalité pour d'autres; il vivait aux environs de IIe siècle avant Jésus-Christ, et répond au nom de Job. À cette époque reculée de l'histoire de ce monde, cet homme fut assez sage pour s'interroger sur l'origine de la sagesse. Sans elle, il ne serait pas possible pour lui d'observer que contrairement à bien d'autres choses de la vie qui ont de grandes valeurs matérielles, la source de la sagesse est cachée en Dieu et requiert une approche spirituelle. La sagesse a précédé l'homme, à aucun moment elle ne lui faisait pas défaut. Au chapitre 28, Job dans une plaidoirie peu commune, nous indique la voie conduisant au logis de cette vertu exceptionnelle.

« Il y a pour l'argent une mine d'où on le fait sortir, Et pour l'or un lieu d'où on l'extrait pour l'affiner; Le fer se tire de la poussière, Et la pierre se fond pour produire l'airain. Il creuse un puits loin des lieux habités; Ses pieds ne lui sont plus en aide, Et il est suspendu, balancé, loin des humains. La terre, d'où sort le pain, Est bouleversée dans ses entrailles comme par le feu. Ses pierres contiennent du saphir, Et l'on y trouve de la poudre d'or. L'homme porte sa main sur le roc, Il renverse les montagnes depuis la racine; Il ouvre des tranchées dans les rochers, Et son œil contemple tout ce qu'il y a de précieux; Il arrête l'écoulement des eaux, Et il produit à la lumière ce qui est caché. Mais la sagesse, où se trouve-t-elle? Où est la demeure de l'intelligence? L'homme n'en connaît point le prix; elle ne se trouve pas dans la terre des vivants. L'abîme dit : Elle n'est point en moi; Et la mer dit : Elle n'est point avec moi. Elle ne se donne pas contre de l'or pur, elle ne s'achète pas au poids de l'argent; elle ne se pèse pas contre l'or d'Ophir, Ni contre le précieux onyx, ni contre le saphir; elle ne peut se comparer à l'or ni au verre, elle ne peut s'échanger pour un vase d'or fin.

Le corail et le cristal ne sont rien auprès d'elle: La sagesse vaut plus que les perles. La topaze d'Éthiopie n'est point son égale, Et l'or pur n'entre pas en balance avec elle. D'où vient donc la sagesse? Où est la demeure de l'intelligence? C'est Dieu qui en sait le chemin, c'est lui qui en connaît la demeure. Puis il dit à l'homme : Voici, la crainte du Seigneur, c'est la sagesse ». Si tout sur la terre n'est que vanité; l'homme, pour trouver le bonheur, doit se réfugier dans la présence de Dieu. La disposition à prendre les sages décisions ne se retrouve nulle part ailleurs que dans la crainte de l'Éternel. Et cette crainte nous conduira dans la demeure paternelle. C'est ce qu'il nous offre à travers le déroulement du plan du salut. Le chapitre 21 de l'Apocalypse nous permet d'entrevoir les préparatifs de la

> *Le chapitre 21 de l'Apocalypse nous permet d'entrevoir les préparatifs de la nouvelle demeure de Dieu avec ses enfants.*

nouvelle demeure de Dieu avec ses enfants. Prions et travaillons pour hâter ce moment, où la nouvelle Jérusalem descendra pour rétablir cet atmosphère édénique dans la relation entre Dieu et les élus.

3. La Nouvelle Jérusalem

« Puis je vis un nouveau ciel et une nouvelle terre; car le premier ciel et la première terre avaient disparu, et la mer n'était plus. Et je vis descendre du ciel, d'auprès de Dieu, la ville sainte, la nouvelle Jérusalem, préparée comme une épouse qui s'est parée pour son époux. Et j'entendis du trône une forte voix qui disait: Voici le tabernacle de Dieu avec les hommes! Il habitera avec eux, et ils seront son peuple, et Dieu lui-même sera avec eux. Il essuiera toute larme de leurs yeux, et la mort ne sera plus, et il n'y aura plus ni deuil, ni cri, ni douleur, car les premières choses ont disparu. Puis un des sept anges qui tenaient les sept coupes remplies des sept derniers fléaux vint, et il m'adressa la parole, en disant: Viens, je te montrerai l'épouse, la femme de l'agneau. Et il me transporta en esprit sur une grande et haute montagne. Et il me montra la ville sainte, Jérusalem, qui descendait du ciel d'auprès de Dieu, ayant la gloire de Dieu. Son éclat était semblable à celui d'une pierre très précieuse, d'une pierre de jaspe transparente comme du cristal. Elle avait une grande et haute muraille. Elle avait douze portes, et sur les portes douze anges, et des noms écrits, ceux des douze tribus des fils d'Israël : à l'orient trois portes, au nord trois portes, au midi trois portes, et à l'occident trois portes. La muraille de la ville avait douze fondements, et sur eux les douze noms des douze apôtres de l'agneau. Celui qui me parlait avait pour mesure un roseau d'or, afin de mesurer la ville, ses portes et sa muraille. La ville avait la forme d'un carré, et sa longueur était égale à sa largeur. Il mesura la ville avec le roseau, et trouva douze mille stades; la longueur, la largeur et la hauteur en étaient égales. Il mesura la muraille, et trouva cent quarante-quatre coudées, mesure d'homme, qui était celle de l'ange. La muraille était construite en jaspe, et la ville était d'or pur, semblable à du verre pur. Les fondements de la muraille de la ville étaient ornés de pierres précieuses de toute espèce : le premier fondement était de jaspe, le second de saphir, le troisième de calcédoine, le quatrième d'émeraude, le cinquième de sardonyx, le sixième de sardoine, le septième de chrysolithe, le huitième de béryl, le neuvième de topaze, le dixième de chrysoprase, le onzième d'hyacinthe, le douzième d'améthyste. Les douze portes étaient douze perles; chaque porte était d'une seule perle », Apocalypse 21.

Ce chapitre nous laisse entrevoir la vie indescriptible que mèneront les sauvés. Tout ceci est un avant-goût du paradis éternel, un aperçu des choses merveilleuses que Dieu a préparé pour ses élus. « La place de la ville était d'or pur, comme du verre transparent. Je ne vis point de temple dans la ville; car le Seigneur Dieu tout puissant est son temple, ainsi que l'agneau. La ville n'a besoin ni du soleil ni de la lune pour l'éclairer; car la gloire de Dieu l'éclaire, et l'agneau est son flambeau. Les nations marcheront à sa lumière, et les rois de la terre y apporteront leur gloire. Ses portes ne se fermeront point le jour, car là il n'y aura point de nuit. On y apportera la gloire et l'honneur des nations. Il n'entrera chez elle rien de souillé, ni personne qui se livre à l'abomination et au mensonge; il n'entrera que ceux qui sont écrits dans le livre de vie de l'agneau ».

Ce chapitre vingt-et-un, du livre Révélation ouvre une fenêtre sur la réalité du retour de Jésus-Christ; un aperçu de ce que l'œil n'a point vu et que les oreilles n'ont point entendu jusqu'ici. La nouvelle Jérusalem est descendue des cieux, une ville splendide parée comme une fiancée prête à se convoler en noces. Nous ne souffrirons plus du silence de Dieu, puisqu'il partagera avec nous son tabernacle. C'est un texte à lire pendant que nous faisons notre pèlerinage sur la terre. Car, il parle d'espoir, d'espérance, de renouveau, de la joie, de la paix et d'amour. Depuis le jour de notre naissance, nous côtoyons le désespoir, la déception, les conflits, la souffrance, la maladie, la guerre, la douleur, la mort, le deuil; cet avant dernier chapitre de l'Écriture sacrée nous projette dans une perspective nouvelle. Il nous rassure que toutes ces choses et leurs mauvais souvenirs seront disparus à jamais. J'essaie d'imaginer ce jour glorieux; nous serons saisis d'une joie enfantine, débridée, et sans feinte. Au verset cinq, l'Ange de Jésus-Christ a pris soin de souligner que ces révélations sont certaines et véritables.

4. L'exploration de la nouvelle Jérusalem

L'Ange, accompagné de l'Apôtre Jean, continue l'exploration de la ville. Cette ville avec son éclat magnifique, reflétait la gloire de Dieu. Le nombre 12 qui a intégré longtemps déjà notre réalité chrétienne (douze tribus, douze Apôtres), est à la base de toutes les dimensions de cette ville éternelle. Les noms des douze disciples seront gravés de leur vivant, pour l'éternité, dans la plus prestigieuse galerie d'Art de l'univers, érigée sous le signe du chiffre 12. Tous ceux et celles dont leurs sacrifices auront récompensé de cette façon, auront leurs noms gravés éternellement dans le sanctuaire éternel de Dieu et d'avec les hommes. Assurément, le nom de

Chapitre 12 Une destination extravagante

Paul y est inscrit quelque part, comme le nom de cette femme de mauvaise vie qui avait, dans la maison de Simon, lavé les pieds de Jésus avec son parfum onéreux. Les critères pour recevoir l'honneur et la gloire divins ne sont pas sociaux, ni économiques, ni intellectuels. Ils sont différents de la pratique du monde sensible dans lequel nous évoluons. Ils se basent surtout sur une évaluation spirituelle de chacun; selon des critères divins axés sur l'amour agapê, l'humilité, le service, et l'obéissance. « Devant Dieu, il n'y a pas de favoritisme », Romains 2:11.

Si dans les grandes cérémonies sociopolitiques, les gens déroulent du tapis rouge, pour recevoir des grands dignitaires humains, des grandes célébrités; Jésus déroulera pour nous au moins un tapis en or, et nous donnera une chaude accolade en chuchotant dans nos oreilles des mots gratifiants pour avoir glorifié son nom en des occasions difficiles. Il y aura abondance de gratification, en plus de vivre une vie idyllique dans un environnement de bonheur parfait. L'Ange poursuit la description de celle ville à la forme cubique.

Relevons certaines caractéristiques importantes : Il n'y aura pas de nuit, la gloire de Dieu sera sa lumière, l'Agneau est son flambeau, les portes de la ville resteront toujours ouvertes, le Seigneur Dieu est son Temple. La ville a un aspect de jaspe transparent comme du Crystal. Ses douze portes sont en perles, la rue principale de la ville est en or pur. Les douze fondements de la muraille sont construits à l'aide de douze pierres précieuses différentes. Le nombre douze et quelques-uns de ses multiples représentent certaines mesures dans les principales dimensions de la ville et ses éléments essentiels.

Le début du dernier chapitre nous parlera d'un fleuve d'eau limpide et cristalline qui arrose la ville. Au milieu de la ville, des deux côtés de ce fleuve s'élève l'arbre donnant douze fois l'an son fruit, dont les feuilles servent à la guérison des nations. Enfin, le trône de Dieu et de l'Agneau sera dans la ville, et ses serviteurs le verront face à face. L'Ange encore une autre fois, n'oublie pas de réaffirmer au verset six que ces paroles sont certaines et véritables; et le Seigneur, le Dieu des esprits des prophètes, a envoyé son Ange pour montrer à ses serviteurs les choses qui doivent arriver bientôt. La question que nous devons nous poser est la suivante : s'il existait une telle ville sur la terre, ou à une autre place accessible aux hommes, qui pourrait y demeurer, la visiter et passer quelques jours de vacances? Voilà qu'il est possible d'y aller et y demeurer éternellement, sans payer un cent; car, tous les frais sont déjà payer par Jésus-Christ.

BIBLIOGRAPHIE

- The God who loves you, PETER KREEFT
- Les lettres de Paul, ALFRED KUEN
- La Personne et l'œuvre du Saint Esprit, RENÉ PACHE
- Synonymes du Nouveau Testament, R.C. TRENCH
- La puissance de la pensée positive, NORMAN VINCENT PEALE
- Comprendre les Mots Difficiles de Jésus, David BIVIN et Roy BLIZZARD Jr
- L'inspiration et l'autorité de la Bible, RENÉ PACHE
- Bouillon de Poulet pour l'âme d'une Mère II, Jack Canfield, Mark Victor Hansen, Marci Shimoff, Carol Kline
- Article partiel de José Frendelvel: http://frendelvel.free.fr; et de son livre: L'Or des étoiles
- Dictionnaire du Nouveau Testament, E. Pigeon
- Dictionnaire de F. Vigoureux
- Jésus-Christ, E.G. White
- Vers Jésus, E.G. White
- Évènements des derniers Jours, E.G. White
- Dictionnaire de la langue sainte, de Le Chevalier Leigh et de Louis de Wolzogue
- Le Guerrier Intérieur, THIERRY PASQUIER
- Malédiction non brisée, REBECCA BROWN
- Nouveau Testament interlineaire grec-francais, Maurice Carrez
- Bible d'étude Semeur
- Bible d'étude Thompson

TEACH Services, Inc.
P U B L I S H I N G

We invite you to view the complete
selection of titles we publish at:
www.TEACHServices.com

We encourage you to write us
with your thoughts about this,
or any other book we publish at:
info@TEACHServices.com

TEACH Services' titles may be purchased in
bulk quantities for educational, fund-raising,
business, or promotional use.
bulksales@TEACHServices.com

Finally, if you are interested in seeing
your own book in print, please contact us at:
publishing@TEACHServices.com
We are happy to review your manuscript at no charge.

www.ingramcontent.com/pod-product-compliance
Lightning Source LLC
Chambersburg PA
CBHW070553160426
43199CB00014B/2485